U0568243

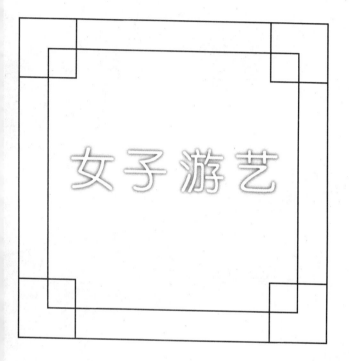

殷伟 著

女子游艺

文化百科丛书

文物出版社

走三桥

三春姊妹同遊庵堂偶爾紅迎花蚨梅
萬玉趙浪廠寫

春游

放风筝

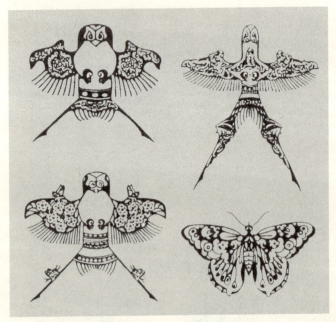

南鹞北鸢风筝图谱

采桑

荡秋千

抱琴

吹箫

水中嬉浴

走百病

饲鹦鹉

投壶饮酒

月光菩萨

喜从天降

月里嫦娥

赠茱萸

淡抹蛾眉

踢球童子

点额祛邪

刺绣

紫姑

鸳红對奕

孤月共前患骗玉姻缘
就枰伤心

恶在弈了看闲赛局胜
负却因娛點指

对奕

听秋声

逗叶子

踢毽

踢球

煮茶

回娘家

藏钩

女子马术

斗草

扑蝶

目　　录

掩抑不住的聪慧

　　中国人把女娲作为自己的祖先，有关女娲补天和捏泥人的传说，从远古一直流传到了今天。好几个地方都把自己地域里的一块奇石，说成是女娲补天留下来的，《红楼梦》则说男主人公是它的化身。各地有关女娲的遗迹或庙宇，仍然有不少留存，而且都称之为娘娘。

　　也许是女娲娘娘基因所致，中国的女性大多聪明睿智，即使在她们没有地位的封建社会里，仍旧人才辈出，充分显示了掩抑不住的才华。比如黄帝的夫人嫘祖、商代著名的军事家妇好、晋代书圣王羲之的老师卫夫人、唐代敢于称皇帝武则天、宋代词人李清照等；再加上野史传说里的穆桂英、花木兰、樊梨花等，那还真是不可小觑。

　　可是由于历史的原因，女子不能参政，甚至不主张她们有文化，故有女子无才便是德的说法。那时，大户人家的千金大门不出，二门不迈，小户人家的女人更是只能围着锅台转。上面所说的出类拔萃的女子，真是凤毛麟角或者说是偶然的机会才出头露面的。人的激情就像河里的潺潺流水，是遏止不了的，那么古代女子的才华在什么地方能够显示出来呢？我们在殷伟先生的《女子游艺》里，找到答案。

这本书里分三方面介绍中国古代女子的游艺活动，即"节日娱乐""雅室求趣""斗智竞技"，其中包括观灯、踏青、荡秋千、品茗、放风筝、蹴鞠、奏琴、美容、踢毽子等等。真是五花八门，叫人一听就想一睹为快；如果真能看到必然会眼花缭乱，也要跃跃欲试。书里介绍的游艺，有些是女子参与的，有些则纯属于她们的活动。那些民俗活动，最初也许只是少数人的行为，正是因为她们的加入，气氛为之活跃，才逐渐"定格"的。那些纯属于游艺性的活动，正是她们的参加才逐渐丰富多彩起来。所以说在相当范围的游艺活动里，女人是主要角色，如果没有她们也许整个社会都会冷寂下来。

至于她们在游艺活动为什么会有这样重要的作用，书里也解释得很明白。一是为了解除多日的忙碌，好好地放松一下，平日难得一聚会，谁会拒绝这样难得的机会?二是为了辟邪祈福日后有好日子过。也许在相当长的时间里,后者是主要目的,但是随着社会的发展,前者的功能逐渐扩大,这也是这些活动到今天仍然有所保留的根本原因。这些游艺的起源,往往和人们朴实真切的愿望有直接的关系,还不能完全看成是迷信活动。书里记载的游艺活动,大多很富有人情味儿和生活气息。比如在"相约梳妆走百病"一节里,有这样的描述:

> 女子们梳妆打扮后,相约结伴,结队出游。出游的路线都是事先选择好的,走出门到回家,穿街走巷,沿途必须走过三座桥。途中还有一些用于禳病的神秘行为,如抛铜钱逐鬼祟,抛石块镇疫气,扔旧衣在路口除病害,摔抛瓦罐免灾厄,甚至在地上打滚脱晦气等。

书里还引用了大量的典故、诗词,在"嬉戏追逐扑蝴蝶"一节里,引用了元人赵岩的一支散曲,写一个小姐追逐十二只蝴蝶的情形,十二只蝴蝶情态各不相同,场面非常的活跃。文笔细腻,形象生动,真是妙笔生花,再与众多的典故、逸闻融合在一起，给读者难得的艺术享受。

其余描述各尽其妙，充分表现了古代女子的可爱、聪明。本书文字简洁，行文流畅，可谓雅俗共赏，使人看后更加相信那句唱遍了大江南北的豫剧："谁说女子不如男！"

看得出来，殷伟先生读过许多典籍，《红楼梦》想必是烂熟于胸了，而且对林黛玉更是高看了一眼，在诸多的游艺里，多次提到这位多愁善感的薄命红颜。其余对《金瓶梅》等多次引用相关情节。这样一来，本书于通俗中又平添了几分雅气。开卷之时便有清风扑面而来，因此，斗胆说上一句："此书大可一读！"

崔 陟

壬午岁末于红楼

节日娱乐

火树银花触目红　揭天鼓吹闹春风

——上元灯节看花灯

　　农历正月十五是中国春节后，又一个重要的传统节日，古称元宵节，又称上元节、元夕节，也叫灯节。这天晚上，都市里灯如星雨，处处灯棚；乡村中也户户张灯，家家挂灯。灯火点画出元宵祥瑞太平、团圆欢乐的气氛，也寄托着人们纳吉迎祥、祝丰祈稔的心愿。

　　关于元宵节起源、成俗的说法很多。汉初吕后死后，诸吕谋乱，太尉周勃、丞相陈平起兵铲除诸吕势立，拥立刘恒登基做了皇帝，是为汉文帝。因为戡平诸吕的日子是正月十五日，汉文帝为了纪念这个大喜日子，每逢正月十五都要微服出宫，到街市上与民同乐，遂逐渐形成了元宵节。

　　把正月十五日看作是一个祭祀天帝的吉日，也是从汉朝开始的。汉武帝刘彻笃信鬼神，在五帝之上又设了个最高天帝，叫太一神，屈原《楚辞》作东皇太一，并在甘泉宫修建太一神祠坛，每年正月十五日黄昏开始，用盛大的灯火祭祀，通宵达旦，亮如白昼。遗风流被，就有了元宵张灯结彩的风俗。

有人又把元宵节与佛教扯到一起。东汉明帝刘庄为倡导佛教，下令正月十五在宫廷和寺庙"燃灯表佛"，并令不论士族庶民家家挂灯，以表示对佛教的尊崇。自此以后，元宵张灯便蔚然成风，相沿成俗。

还有人认为元宵节张灯习俗起源道教的"三官"祀典。道教编造出天官、地官、水官三尊神祉，据说他们例于每年农历正月十五、七月十五和十月十五这三个月圆之日下降人间弄神作法，三个月圆之日分别称为"上元"、"中元"、"下元"，合称"三元"。汉末道教的重要派别五斗米道尊奉的神为天官、地官和水官，称天官赐福，地官赦罪，水官解厄，并以三元配三官。这样正月十五就被称作上元节。南宋吴自牧《梦粱录》就说："正月十五日元夕节，乃上元天官赐福之辰。"三官各有嗜好：天官喜欢娱乐，地官喜欢热闹，水官喜欢灯火。所以人们在新年第一个月圆之夜大张彩灯，结群游观，既是一种娱乐活动，又是取悦三官的手段。民间有"正月十五闹元宵"，一个"闹"字也是这个缘故。

尽管众说纷纭，但元宵节始于汉代这是没有疑义的。

自从元宵张灯习俗形成后，历朝历代都以正月十五张灯观灯为一大盛事。南朝梁简文帝写过《列灯赋》，描绘了元夕宫廷张灯盛况。隋炀帝时，元宵处处张灯结彩，夜夜歌舞奏乐，灯火光照天地，彻夜不灭，人们尽情欢乐，热闹非凡。

随着元宵张灯观灯活动愈演愈烈，妇女也在不知不觉中加入了欢乐的行列。唐宋两代，闹元宵步入高峰，唐代元宵节成为固定假日，皇帝特许开禁三天，取消宵禁，官署停止办公，举国上下闹元宵。朝廷带头，上行下效，家家门口，长街两旁挂满花灯，供人观赏游乐。唐玄宗先天二年正月十五，在安福门外制作一巨型灯轮，高达二十丈，以金丝银缎为饰，悬挂花灯五万盏，犹如霞光万道的花树，灯下还有数千宫女轻歌曼舞。皇帝带头，皇亲国戚们也竞相制作大型灯树。诗人崔液写下"谁家见月能闲坐，何处闻灯不来看"的佳句；苏味道咏出了"火树银花合，星桥铁索开"，简直句句锦绣，字字珠玉。景云元年元宵，唐中宗陪着韦皇后微服出宫，到闹市上去观看花灯。唐代元宵夜的京城成为最热闹的地方，士女无不争相观灯，人山人海。

宋代的元宵灯节更加十分热闹，张灯由三夜延长到五夜，遍挂彩灯，还兴起放焰火，表演歌舞百戏。每逢灯节，京城御街上，万盏彩灯垒成灯山，火树银花十里开，花灯焰火，金碧相射，锦绣交辉，京城少女载歌载舞，万众围观。辛弃疾《青玉案·元夕》描写了京城元宵节满城花灯，满城游人，繁华熙攘，鼓乐喧天的狂欢热闹盛况：

东风夜放花千树，更吹落，星如雨。宝马雕车香满路。风箫声动，玉壶光转，一夜鱼龙舞。

蛾儿雪柳黄金缕，笑语盈盈暗香去。众里寻他千百度。蓦然回首，那人却在，灯火阑珊处。

元宵灯节，倾城观灯，通宵狂欢，

这也给有情的恋人们提供了相会良机。唐宋时期，闺中女子一向禁止外游，然而元宵前后，开戒弛禁，青年女子盼此良辰，乘机相约幽会，结伴观灯。《唐诗纪事》卷七引长孙正隐《序上元之游》描写了唐代元夜的倾城出游，说是"美人竞出，锦幛如霞，公子交驰，雕鞍如月。同游洛浦，疑寻税马之津；争渡河桥，似向牵牛之渚。实昌年之乐事，令节之佳游者也。"可见元宵灯节对于美人公子来说，实在是谈情说爱、密约幽会的好机会。在三街六市灯火稀疏之处，郊外名胜之地，都有闺中女子的芳踪。女才子朱淑贞《生查子·元夕》正是描写女子观灯幽会：

> 去年元夜时，花市灯如昼。
> 月上柳梢头，人约黄昏后。
> 今年元夜时，月与灯依旧。
> 不见去年人，泪湿春衫袖。

朱淑贞还有《元夜》亦写女子盼到元宵夜观灯和情人相会的欢乐：

> 火树银花触目红，
> 揭天鼓吹闹春风。
> 新欢入手愁忙里，
> 旧事惊心忆梦中。

> 但愿暂成人缱绻，
> 不妨常任月朦胧。
> 赏灯那得工夫醉，
> 未必明年此会同。

在忙里愁里好不容易得来元夜相见的欢乐，只希望两人情意缠绵，形影难分。元宵灯节本应观灯，但此时与情人私会，哪有工夫赏灯呢？因为明年未必能像今天一样会面了。

周邦彦《解语花·上元》中写元宵夜街头美景："风消绛蜡，露浥红莲，灯市光相射。"极言灯节之美，又写月色之美："桂华流瓦，纤云散，耿耿素娥欲下。"以"素娥欲下"映衬人间灯节的欢乐。接下写灯会里主要人物的雅丽："衣裳淡雅，看楚女纤腰一把。"那楚腰纤细掌中轻的楚女为灯节带来光彩。在"都城放夜、千门如昼，嬉笑游冶"的喜庆氛围里，词人推出了主画面，情人幽会："钿车罗帕，相逢处，自是暗尘随马。"俏女俊男偷偷在灯节上相会写得活灵活现，元宵灯节本来就是男女调情的佳期么！

正是元宵节如此有魅力，连北宋名相司马光的夫人也提出到市上去看灯。

司马光在洛阳闲居时，恰逢元宵节，相府贵妇人欲出去看灯凑热闹，司马光说："家中有彩灯，何必到市上去看？"夫人说："我还要看游人呢！"司马光诙谐地说："难道我是鬼吗？"可见那争奇斗艳、辉煌绚丽的灯海，如云的仕女，鼎沸的歌舞，是何等地引诱人心。

宋徽宗在宣德楼与民同乐观灯时，看到满街窈窕淑女，与情人手拉手肩并肩，毫无顾忌地在众目睽睽之下游玩，"少也有五千来对儿"，宋徽宗下旨凡在楼下仰窥圣颜的女子，都能获得御酒一杯。一对夫妻因观灯人多拥挤，走散开来，妻子随人流涌到端门，正碰上皇帝赐酒，她喝完酒后乘机将金杯揣进怀里准备离去，被抓到御前盘问。此女子急中生智，口占《鹧鸪天》词一首：

> 月满蓬壶灿灯灯，与郎携
> 手至端门。贪看鹤阵笙歌舞，
> 不觉鸳鸯失却群。天渐晓，感
> 皇恩，传宣赐酒饮杯巡。归家
> 恐被翁姑责，窃取金杯作证明。

宋徽宗听了龙颜大悦，就将金杯赐给女子。这女了为何回家害怕公婆责骂，恐怕担心公婆会认为她离开丈夫去与情

女子游艺

人幽会吧!

看灯幽会习以为常,更令人惊讶的是,一些女子把元宵夜当成了自己寻求爱情的乐园,在缤纷彩灯下与情人私奔。宋人金盈之《醉翁谈录》载,那是狂欢上元之时,一个不满自己婚姻的女子,大胆地将写有"得此物有情者,来年上元夜见车前有双鸳鸯灯可相见"字样的香囊、红绡帕掷在乾明寺殿前,以期年轻男子,有一个叫张生的秀才拾到这一信物。

来年的上元夜灯市上,在雕轮绣毂、翠盖争飞的车流之中,张生见到一挂有双鸳鸯灯的香车,他上前用诗句向这位未见过面的女子倾诉了衷肠。车中女子一听,便知去年上元夜遗下香囊、红绡帕的事成了。张生和这位给一个太尉当妾的李氏私下见了面,并在次夜三鼓时分双双私奔出城,跑到苏州开始了新生活。这只不过是上元之夜千千万万狂欢男女中的一对。小说家还将此事写成上元狂欢佳话《张生彩鸾灯传》,供市民欣赏品味。看来在绮罗丛里、兰麝香中,正宜偷情狂欢,这种私奔故事还是不少的。

明代开国皇帝朱元璋很是重视元宵节，规定春节官员放假五天，冬至放假三天，而元宵节则放假十天，以让人们观灯狂欢。朱元璋定都南京后的第二年正月十五日，南京城内到处张灯结彩，庆贺定都。城内大街小巷游人如织，争看花灯的男女老少比肩接踵，车水马龙，其中最显眼的要数那些闺中少女和出阁的少妇了，她们一个个打扮得花枝招展，看到好的花灯便指指点点，有的甚至纵情肆意地高声谈笑，整个南京城内呈现了罕见的热闹场面，几乎成了女子的天堂。

当时有一位奉礼郎对女子观灯大为恼火，为此他专门上书朱元璋，认为女子观灯"有伤风化"，且"易滋生乱事"和"有悖礼教"，如果让女子观灯，请皇上划一界定之域，并严令男子不准到此区域内混观。这一建议受到朱元璋的斥责，说奉礼郎"见事生风，邪言乱众"，让人把他逮来午门，狠狠地打了一顿棍棒，当即削职为民，赶出了京城。当时有人写诗云：

奉礼郎官奉何礼，
何事倡言定界域。

观灯莫虑妇人笑，

唯有棍棒不言语。

作为一名赞守礼仪的官员，理应正确引导人们的礼仪行为。女子观灯本是自古以来相沿成习的事，有何不可？即便女子忘形谈笑声音大些，在这种热闹场所，也算不得失礼，更不值得专门划定女子观灯的区域。这一点，朱元璋看得十分清楚，严厉处置了这无事生非的奉礼郎，现在你不要顾虑什么女子观灯言笑了，不会说话的只有棍棒，这玩艺打在你身上，恐怕比听女子观灯谈笑还要难受吧！

插花穿裙祭厕神　占卜问咎祝如愿

——正月望夕迎紫姑

在万民欢乐的元宵节里，女子娱乐活动非常丰富，像观花灯、走百病、听响卜、太平鼓……都十分欢快有趣，而最奇特的莫过于迎紫姑了。

紫姑是上古时代一位被大妇妒忌害死的女子。关于迎紫姑风俗娱乐活动的起源，最早见载于南北朝时宋人刘敬叔的《异苑》，其卷五"紫姑神"条云：

> 世有紫姑神，古来相传云是人家妾，为大妇所嫉，每岁以秽事相次役，正月十五感激而死。故世人以其日作其形，夜于厕间或猪栏边迎之，祝曰："子胥不在"，是其婿名也。"曹姑亦归"，曹即其大妇也。"小姑可出戏。"捉者觉重，便是神来。奠设酒果，亦觉貌辉有色，即跳躞不住。能占众事，卜未来、蚕桑。

元宵节迎紫姑的习俗由来已久，而《显异录》说得更为详尽：紫姑是莱阳人，姓何名媚，字丽卿，自幼知书达礼，嫁给一个戏子为妻。寿阳刺史李景贪其美色，害死其夫，把她纳为侍妾。何媚年轻漂亮，李景的大老婆又忌又恨，在一年正月十五夜间，将何媚悄悄杀死在厕所中。后来天帝怜悯何媚，封她为厕神。紫姑能问休咎祸福，凡农桑耕织、生儿育女等等，她都能预先告知。所以，元宵节人们迎紫姑祭紫姑，占卜诸事，目的也就是请紫姑多加保佑，赐福降祥。宋人苏轼有《子姑神记》记其事。

南北朝时梁人宗懔写了一部专记古代荆楚地区四时十二月重大节令风物故事的《荆楚岁时记》，亦云："其夕（正月十五日），迎紫姑，以卜将来蚕桑，并占众事。"还引用了《异苑》记载佐证，又引《洞览》云："帝喾女将死，云：'生平好乐，至正月，可以见迎。'"宗懔认为这也是紫姑一事的源流，据此紫姑成了帝喾女。宗懔还说"溷厕之间必须静，而后致紫姑。"这是说迎紫姑之前，要把猪栏、厕所打扫干净。看来迎紫姑也是寓劳动于娱乐，借此做一番清扫。

宋人沈括《梦溪笔谈》亦载迎紫姑云："正月望夜迎厕神，谓之紫姑。"古

人云"作其形迎之",至于怎样扮成紫姑的形象呢?在明人刘侗、于奕正《帝京景物略》则作了生动描述:

> (正月)望前后夜,妇女束草人,纸粉面,首帕衫裙,号称姑娘,两童女掖之,祀以马粪,打鼓歌马粪芗歌,三祝,神则跃跃,拜不已者休;倒不起,乃咎也。

这是束草为人,为之头戴巾帕身穿衫裙,并以纸画成紫姑假面,然后载歌载舞迎紫姑,即迎紫姑民俗游戏。

清代还有以扫帚来穿衣服扮紫姑的做法。《都城琐记》载《燕都杂咏》云:"敝帚褂红裳,齐歌马粪香;一年祝如愿,先拜紫姑忙。"诗下注云:"正月闺中用帚插花穿裙,迎紫姑神于厕,以占休咎。"清末莲客绘《少女元宵迎紫姑》,画中就是两个村姑正替扫帚穿上衫裙扮紫姑的情形。

清末江浙一带迎紫姑又是一番景象。钟毓龙《说杭州·说风俗》第一节"岁时"云正月十五日元宵节,"是晚,又有为迎紫姑之戏者,大都小儿女辈为之。以淘箩盛米,并置筷一双,覆以绸帕,至厕所迎之，谓可以占农事，卜休咎……杭人谓之坑三姑娘。"清人顾禄《清嘉录》亦说："正月望夕迎紫姑，俗称坑三娘娘，问终岁之休咎。"这种占卜问咎颇似明清流行的扶乩。江浙一带迎紫姑占卜时，常用粪箕一只，装饰上女子头上的钗环，再插上艳丽的花朵，箕口上插上一只银钗，先供奉在粪坑旁。同时还要在净室设一张摊满碎米的香案，点烛焚香，大礼参拜后，由一女子引路，两女子抬箕，一女子扶箕，让箕口对着香案上的碎米，任其银钗在米上乱图，根据画出的图案形状来判断年岁的好坏，事情的成败祸福。清末画家吴友如画的《迎紫姑神》就是这一民俗娱乐活动的形象写真。

迎紫姑的目的是占卜休咎，在乡村的女子迎紫姑占卜为了占蚕桑，《荆楚岁时记》中就有此说。在江浙一带，养蚕女子每年正月十五日的清晨，照例先要沐浴焚香，红裙素手地在一大早煮好白膏粥，涂在屋梁上面祭祀蚕神。这一习俗早在南北朝时梁人吴均《续齐谐记》中就有记载。到了晚上，女子们开始迎紫姑占卜蚕桑。城中女子则多占众事，如何时得与郎君缔结良缘，何时添丁等等；也有让紫姑来猜数，如猜某女几岁，某女口袋中有几枚铜板，都是自娱自乐。女子殷勤地迎紫姑祭紫姑，更多的是祈祷紫姑保佑她们母子平安。

迎紫姑的民俗游戏传到南方则成了"踏月"。《岭南杂记》云：

> 南雄风俗，妇女每在元夕设酒茶于月下，罩以竹箕，以青帕覆之，以一箸倒插于箕上，左右二人挺之作书，问事吉凶。又画花样，谓之"踏月"。姊令未嫁幼女，且拜且唱。

对紫姑的信仰在民间影响极大。宋人苏轼《子姑神记》、《天篆记》均记述紫姑显灵附体的传说。太常王纶家小姐，不仅模样长得清秀俊丽，而且识文断字，写得一手好文章，其父亲称，因为迎紫姑，有神降临其闺女身上，自称上帝后宫仙女。神附身体后的王小姐更加聪颖，写出了《女仙集》，而且体态更具仙气，从腰以上看，形貌旖丽，是个美女的身体，但腰以下则被祥云仙雾笼罩，隐约绰约依稀可见。苏大文豪似乎对这神乎其神的事大感兴趣，多次撰文记述。

历代文人中不止苏轼对紫姑感兴趣，清代戏曲家陈栋根据《异苑》紫姑本事，创作了杂剧《紫姑神》，剧中以紫姑为魏子胥的小妾，因为年轻貌美，深得魏子胥的宠爱，激起大妇曹氏的妒意，大妇寻机用药酒把紫姑毒死。紫姑冤死后成神，巡查人间，专除世上一切妒火中烧的妇人。陈栋的立意比苏轼要高出许多。

妇女群游祈免灾　百病尽归尘土中

——相约梳妆走百病

走百病，亦称游百病、走三桥、走桥等等，是旧时普遍流行全国各地的一种以妇女为主体的避灾禳解民俗娱乐活动。其基本方式是，每年正月十五之夜，或正月十六之夜，女子们梳妆打扮后，相约结伴，结队出游。出游的路线都是事先选择好的，从出门到回家，穿街走巷，沿途必须走过三座桥。途中还有一些用于禳病的神秘行为，如抛铜钱逐鬼祟，抛石块镇疫气，扔旧衣在路口除病害，摔抛瓦罐免灾厄，甚至在地上打滚以脱晦气等。俗信以为这种做法便可以确保在新的一年中无病无灾，倘若去年有病未愈，或家人正患病在身，则疾病亦随之被除了。这种主要是女子参与的避灾求福祛病游乐活动，是将游乐与信仰交混的岁时民俗事象，不能简单称之为迷信活动。

明清时期，走百病十分盛行。明人沈榜《宛署杂记·民风》记述京城元宵游灯市走桥摸钉祛百病云：

女子游艺

正月十六夜，妇女群游祈免灾咎，前令人持一香辟人，名曰："走百病"。凡有桥之所，三五相率一过，取度厄之意。或云终岁令无病，暗中举手摸城门钉一，摸中者，以为吉兆。是夜弛禁夜，正阳门、崇文门、宣武门俱不闭，任民往来，厂卫校尉巡守达旦。

明末刘侗、于奕正《帝京景物略·春场》亦有走百病民俗游乐活动的记载：

正月八日至十八日，集东华门外，曰灯市。贵贱相逐，贫富相易贸，人物齐矣。妇女着白绫衫，队而宵行，谓无腰腿诸疾，曰走桥。至城各门，手暗触钉，谓男子样，曰摸钉儿。

走百病民俗游乐活动，在明人周用的《走百病》诗中更有生动形象的描述：

都城灯市由来盛，
大家小家同节令。
诸姨新妇及小姑，
相约梳妆走百病。
俗言此夜鬼六空，

百病尽归尘土中。

不然今年且多病，

臂枯眼暗兼头风。

实际上，对广大女子来说，走百病并非充满神秘文化的色调，而是具有两大现实功利。一是游乐，因为旧时女子一年之中难得有几次不受礼教禁锢，得以结伴群出通宵浪游。所以，大姑娘小媳妇和七姑八姨们这一天早早梳妆准备，换上白绫衫，相约结队出游走百病，而且通宵游玩，这是她们的一大乐事。故尔京城各大城门通宵不闭，任女子们任情游玩。二是祈嗣，走百病在价值取向上有祛病求福的功利追求，而祛百病并非实指"臂枯眼暗兼头风"之类，乃暗指女子不孕为无子之疾，借以祝孕乞子。女子们来到各城门，以银钱贿买守门兵，好让她们暗中手摸门钉，谁摸中了，这是个吉兆，以寓生男儿。钉形似男性生殖器，且"钉"与"丁"同音，丁者男也，摸钉以祈生男。这是妇女们最感兴趣的活动。清初徐灿有词云："丹楼云淡，金门霜冷，纤手摩挲怯。"是女子写摸钉佳句。这一点在清嘉庆重修《扬州府志》卷六十中说得非常明白："正月十六夜，儿童迎紫姑神，乞巧妇走三桥祈嗣。"所谓"祈嗣"，即祈得传宗接代的男孩。在旧时女子如果不能生男孩，不但被人瞧不起，而且会遭受歧视。这两点或许正是女子走百病盛行的真正原因所在。故尔明人王士性《广志绎》称"都人好游，妇女为甚"，群游走百病"灯光彻夜"，"毂击肩摩"。

《金瓶梅》第二十四回描写正月十六日晚，到处烟火花炮，妇女们上街走百病。潘金莲、孟玉楼、宋惠莲三个女人，带领着一簇男女，上街走百病儿，月色之下，恍若仙娥，都是白绫袄儿，遍地金比甲，头上珠翠堆满，粉面朱唇。陈经济和来兴儿左右一边一个，燃放烟火花炮，与众妇人瞧。潘金莲一行出的大街市上，但见香尘不断，游人如蚁，花炮轰雷，灯光杂彩，箫鼓声喧，十分热闹。人们见一队纱灯引导，一簇男女过来，皆披红垂绿，以为出于公侯之家，莫敢仰视，都躲路而行。《金瓶梅》所写女子走百病与沈榜、刘侗、于奕正所记史料相合。然而，潘金莲等人装扮上街走百病，完全是为了娱乐，不是祛病祈嗣，往大街市上转悠游玩，看热闹看风景。

这是以游乐为主的走百病，明代陆伸《走三桥词》就生动地描述女子们走百病时的心态：

> 细娘吩咐后庭鸡，
> 不到天明莫浪啼。
> 走遍三桥灯已落，
> 却嫌罗袜污春泥。

女子们不让鸡啼，只盼夜长尽兴。走过三桥不是难事，为什么"走遍三桥灯已落"呢？这是因为女子们不是在赶路，而是在结伴浪游，她们在月下嬉笑游荡，心花怒放，自然不计时辰，尽情游乐成了第一位。

走百病民俗游乐在南方称为走三桥。清人顾禄《清嘉录·走三桥》中记载苏州女子走三桥云："元夕，妇女相率宵行，以却疾病，必历三桥而止，谓之走三桥。"所谓走三桥，必须在月色中连续走过三座桥梁，否则达不到却病祈福的愿望。女子结伴一路游玩时，遇到桥就三五人结伴而过，过桥后相互庆贺，以取其度过厄难的意思。然而女子们并非见桥即过，而是选择桥名具有祥瑞意义的桥，以走过而得吉祥。清嘉庆修《如皋县志》卷十载:"妇女相伴携游集贤里及泮池,曰走三桥,谓文德、武定、集贤桥也。"这种选择为的是图个吉利。上海女子则专门选择走小东门益庆桥、天官牌坊长生桥、邑庙东如意桥,这种相触相通的文化心理和行为是将真切的愿望用游戏的方式来表达。

坐落在粤西鉴江下游的吴川县梅菉镇,元宵节被称作"桥梁节"。每年元宵佳节,人们在梅菉镇与镇郊的上隔海村之间的拱桥上张灯结彩,用花朵装扮拱桥,故有"花桥"之称。相传有年元宵节,狂风怒吼,海水滔天,几乎要吞没上隔海村,这时有一仙女飘然而至,广袖一挥化作了一座虹桥,拯救了上隔海村的乡民。人们倾城出动,成群结队逛花桥的风俗由此而生,迄今已有六百多年的历史。花桥原分女桥和男桥,后来发展为男女同乐的鸳鸯花桥。元宵之夜,华灯竞放,灯花映辉,女子们三五成群,同游花桥,过往的育龄女子争相采摘花桥上的花,据说,摘了白花的,年内就可以生儿子;摘了红花的则会生女儿,人们尽可随心所欲。女子们还纷纷到桥下去洗手,说是能把一年的晦气都洗掉。

这是走三桥民俗游乐活动在粤西的一种变异形式，但娱乐与祈子仍是其不变的主要功能。

元宵走百病还有由走桥衍变为登城头。清人甘熙《白下琐言》载：

> 岁正月既望，城头游人如蚁，箫鼓爆竹之声，远近相闻，谓之走百病，又云踏太平，聚宝、三山、石城、通济四门为盛。

旧时南京登城走百病多在正月十六日，《金陵琐志·炳烛里谈》亦载："正月十六日，以棘刺穿玉黍作假花，执以上城，谓之走百病。"玉黍为多子实的作物，女子"以棘刺穿玉黍作假花，执以上城"，正是透露出象征多生多育的文化信息。又据《金陵赋》注云：

> 今则此风惟聚宝门为盛，但有箫鼓而无爆竹，兼有陈洋画与游人观者。又煮豆染绛，焙蜀黍令绽，缀诸棘刺，以为梅枝，抑或以饴吹作榴实缀其上，沿道而卖，游人必购一枝而归。

由来已久的登城走百病，到了清末

仍然盛行，究其功利是游乐与祈子的合二为一，聚宝门城墙两旁，各种临时摊贩林立，有箫声鼓乐及游艺活动，用棘刺穿蜀黍以为梅枝象征祈子，而"以饴吹作榴实缀其上"，同样亦是为了乞盼多子。中国民间以石榴多子，在年画中多以石榴象征子孙满堂，反映了旧时人们希望多子，如清代杨柳青年画《榴开百子》，潍县年画《榴开百子》即是。而红梅开花于岁末，且又能于老干发新枝，故世人用其多结梅子象征子多，杨柳青年画就有《红梅多结子》。游人登城走百病游乐之余，必购一枝而归，当然是祈子啰。

为什么在正月十五之夜或十六之夜走三桥呢？这两日正值新岁首次月圆，《管子》云："日掌阳，月掌阴。"民间用阴阳之说，将月亮比作阴，故称月神为太阴星君。而月神为生育之主，护助生育。女子月下夜行，正是企盼得到生育恩主太阴星君的庇佑。古人选择桥梁作为寄托信仰的神秘场所，是因桥为连接两岸的津梁，沟通此岸与彼岸的寓意。民间认为小儿出世是从彼岸投胎而来，而世人谢世，则视为是魂归彼岸。故尔，走桥是沟通阴阳、迎接生命的象征行为，其主调是生，包含生育与长生，而人的不育或短寿均为病厄，所以走百病又有了走三桥之称，主要是突出其功利因素走桥祈嗣。

三月三日天气新　长安水边多丽人

——女子艳妆游水滨

在远古时代，农历三月三日称为"上巳节"，探其起源，早在周朝时就已出现，世称起于周朝时水滨祓禊的习俗。祓即祛除，禊为洁意，祓禊就是在水边嬉戏洗濯，以祓除不祥和求福。《周礼·春官·女巫》云："女巫掌岁时祓除衅浴。"郑玄注云："岁时祓除，如今三月上巳如水上之类。衅浴谓以香薰草药沐浴。"此事由女巫执掌，可见是女子的浴事，每逢三月的第一个上巳日，女子艳妆出游水滨，并下水沐浴，用水洗来祛灾祈福，而沐浴时用草药，相信能除疫。这是一种以女子为主的活动。

《艺文类聚》引《韩诗章句》云：

> 三月桃花水之时，郑国之俗，三月上巳，于溱、洧两水之上，执兰招魂续魄，拂除不祥。

春秋时郑国，每逢上巳，人们群聚在溱、洧两水之滨，秉执兰草，招魂续魄，祓除不祥。这种活动是与宗教祭祀结合在一起的。《毛诗正义》释云，这是男女感春气并出，托采芳香之草而为淫泆之行。故尔，上巳日不仅女子出游水滨，男子亦伴其行，既是宗教活动，又是青年男女爱情的集会。《诗经·郑风·溱洧》中对此有生动描写：

溱与洧，	溱水洧水桃花香，
方涣涣兮。	三月冰散流汤汤。
士与女，	男男女女来游春，
方秉蕳兮。	手拿兰草驱不祥。
女曰："观乎？"	女说："咱们去看看。"
士曰："既且。"	男说："我已去一趟。"
"且往观乎？	"陪我再去一趟吧。
洧之外，	上巳佳节洧水旁，
洵訏且乐。"	确实好玩又宽敞。"
维士与女，	男男女女相依傍，
伊其相谑，	哈哈调笑心花放，
赠之以芍药。	送支芍药表衷肠。

这是上巳节青年男女在河边聚会的欢乐情景，反映了当时郑国的民间风俗。女子大胆地挑逗男方，表露爱情，与其说是游春，不如说在谈情说爱。由于上巳节的产生最初和人们祭祀神灵、祈求

生育子嗣有关，因而上巳节也是青年男女游春交往、谈情说爱的日子。对女子来说，格外具有意义。《诗经·郑风·褰裳》描写三月桃花水下来，对对情人来到溱、洧两河游春，寻欢求爱，一个妙龄女郎站在水边向着河对岸的小伙子大胆求爱，唱出的情歌，那戏谑的文词还真有点儿现代味儿，大意是：

你要是心上把我爱，

你就提起衣裳蹚过溱河来。

要是你的心肠改，

难道没有别人来？

你这傻瓜蛋呀我的傻人哎！

你要是心上还有我，

你就提起衣裳蹚过洧水河。

要是心上没有我，

世上男人还不多？

你这傻瓜蛋呀我的傻大个！

这种河边聚会已成了女子求爱的好去处。

祓禊作为女子的信仰活动，主要功利就是祈嗣，洗去不孕之灾，求得生子之福。据民俗学家考证，祓禊求子习俗源于对鱼神的崇拜，河中戏水，实际上是一种亲神、拟神和乐神的行为，以便

让鱼神将她们视作同类而乐赐贵子。被
禊当源自近水祝殖信仰，本是男女春日
相欢，女子祈孕的信仰行为。从衣饰来
看，"男则朱服耀路，女则锦绮铄烂"，
意在双方互相吸引。而秉执兰草，"以香
薰草药沐浴"，也都有唤起性欲的作用。

　　水是神秘的感生物质，女子临河不
仅欲洗去冬日尘垢，亦盼触水感孕得子。
为了使这一主题明确，被禊中有一些乞
孕的游戏，人们把红枣或素卵掷于水中，
由入水洗浴的女子争食，以得枣或卵为
感孕之兆。后汉杜笃"浮枣绛水，酹酒
浓川"，南朝梁人萧子范"酒玄醪于沼
沚，浮绛枣于泱泱"，庾肩吾"踊跃赪鱼
出，参差绛枣浮"等等，都是对上巳水
中浮枣乞子活动的描述，以酒祭水，企
盼入水女子得到福祉。

　　戏水感孕祈子，古人多有记述。张
君房《云籍七签》载："金堂县利华圆观
南院有九井焉……盍醴泉之属。每岁三
月三日蚕市之辰，远近之人祈乞嗣于井
中，探得石者为男，瓦砾为女。"《太平
寰宇记》卷七十六亦载："四川横县玉华
池，每三月上巳有乞子者，漉得石即是
男，瓦即是女，自古有验。"所谓得石为

男，得瓦为女，是和《诗经·小雅·斯干》中生男誉为"弄璋"、生女贬为"弄瓦"联系起来了。

到了汉代，上巳仍是人们所重视的节日。《后汉书·礼仪志》云："三月上巳，官民皆洁于东流水上，自洗濯，祓除宿垢，为大洁。"汉代在以"洗濯"为主的活动中，又增加了临水宴宾，《后汉书·周举传》载："六年三月上巳日，商大会宾客宴于洛水。"

魏晋以后，因为上巳究竟是农历三月的哪一天，每年并不一致，人们干脆舍三月上巳而改在农历三月三日过节了。明人谢肇淛《五杂俎》卷二就说："三月三日为上巳，此是魏晋以后相沿，汉犹用巳，不以三日也，事见宋书。"上巳节固定在农历三月三日，成了古代民间重要节日。是日，女子沐浴于河中，男子则在水滨饮酒游戏，晋人张华《上巳篇》云：

> 伶人理新乐，膳夫熟时珍。
> 八音硼磕奏，肴俎纵横陈。
> 妙舞起齐赵，悲歌出三秦。

可见上巳节在晋代已成了春游野宴的行乐活动。东晋永和九年三月三日，王羲之与谢安等一批名流在会稽山阴的兰亭修禊，流觞曲水，饮酒赋诗。觞是椭圆形、带把手的浅木盘，里面可以盛酒，把盛酒的觞漂在水面上，人们坐在水边，当觞流到面前时，便捞来饮觞中之酒，这就是曲水流觞的情形。

曲水流觞遂成历史佳话，多为后人效仿。上巳祓禊的祈祭演成了风雅的行乐，南朝时梁人宗懔《荆楚岁时记》载："三月三日，士民并出江渚池沼间，为流杯曲水之饮。"《南齐书·礼志》亦载："三月三日曲水会，古禊祭也。"唐代修禊活动亦颇盛行，《容斋笔丛》载，唐开成二年三月三日，河南府尹李待诏邀请白居易、刘禹锡等十五人，在洛水之滨举行修禊活动，盛宴于彩舟之上，"自晨及暮，前水嬉而后妓乐，左笔砚而右壶觞，望之若仙，观者如堵。"诗圣杜甫《丽人行》写虢国夫人、秦国夫人一群粉腻脂香、珠光宝气的女子出行临水修禊，"三月三日天气新，长安水边多丽人"，反映了唐代长安曲江池畔的女子修禊活动。堪与杜甫《丽人行》交相辉映的是张萱的《虢国夫人游春图》，一诗一画，均以上巳节为风俗背景，描绘天宝十一年杨贵妃的三姊虢国夫人及眷从在曲江边游春的实况，着力表现出贵妇们游春时悠闲自在的欢悦情绪。

唐代以后，上巳祓禊之意日益减淡，而演变为春游节日，谚语有"寻春直须三月三"，民间有流杯、流卵、流枣、乞子、戴柳圈、探春、踏青、举行歌会等等活动。今日西南少数民族如苗族、壮族及海南岛黎族等仍十分重视三月三这个节日，略见远古上巳修禊的遗风流韵，但它已褪去了敬神祝殖的成分，而代之以男欢女乐的健康情趣。

好是隔帘花树动　女郎撩乱送秋千

——寒食游乐荡秋千

　　在中国古代，农历三月上旬有三个节日，除了上巳，还有寒食和清明。早在魏晋时期，人们就把寒食放在清明的前几日，东晋陆翙《邺中记》载："俗，冬日后百五日为介子推断火冷食三日。"冬至后 105 天，正好是清明之前。唐宋时期亦基本一样，南宋孟元老《东京梦华录》载："冬至后一百五日为大寒食"，"寒食第三日即清明节矣。"

　　寒食是稍晚于上巳的节日，它的起源据说与春秋时晋国公子重耳的臣属介子推有关。重耳为逃避灾难，流亡国外十九年，介子推辅佐有功。重耳返国即位当上国君，是为晋文公，封赏功臣，惟独忘了介子推。而介子推和母亲隐居绵山，晋文公忆起旧事，心中有愧，马上派人去请介子推上朝受赏封官。但介子推躲入深山避官，晋文公便以放火烧山的方法想逼介子推出来，不料却把介子推母子烧死在山里。为了纪念介子推，晋文公下令把绵山改名为介山，在山上建立祠堂祭祠，将介子推被烧死的这一天定为寒食节，每年这一天禁忌烟火，只吃寒食。

古人在寒食除了宗教活动之外，还有纯属人世的游乐，荡秋千就是其中之一。荡秋千是一项古老的游戏，据南朝梁人宗懔《荆楚岁时记》杜公赡注引《古今艺术图》佚文的说法："秋千，北方山戎之戏，以习轻趫者。齐桓公伐山戎，流传入中国。"山戎是春秋时期一个居住在北方一带的少数民族，以游牧为主。当时这个民族中流行荡秋千，主要是为了锻炼人轻捷矫捷的能力，是一种习武性质的活动。齐桓公征伐山戎，将荡秋千游戏带回中原地区，并逐渐演变成为汉民族中普遍流行的游戏活动。

虽然荡秋千最早起源于军事战争的需要，但是它很早就已开始向游戏性、娱乐性方面转化，并成为中国古代女子十分喜爱的一项游戏活动。汉武帝时，秋千已从军事训练项目演化为游戏，不仅宫女以此戏乐，也是民间在寒食节日中必不可少的节日娱乐形式。

当时宫中盛行秋千游戏，本来叫千秋，是祝寿之词，后来讹传为秋千，又写作鞦韆。据唐人高无际《汉武帝后庭秋千赋》说，秋千就是千秋的意思，汉武帝祈祝自己有千秋之寿，故而汉家后宫都喜好秋千游戏。他描写宫女荡秋千说：

> 乍龙伸而蠖屈，将欲上而复低，擢纤手以星曳，腾弱质而云齐。一去一来，斗舞空中花蝶，双上双下，乱晴野之虹霓。轻如风，捷如电，倏忽顾盼，万人皆见，香裙飒似牵空，珠汗集而光面，时进时退，似游似遨，类古纵而七擒，期必高而让高。

高无际的确娴熟秋千，将宫女们荡秋千的情景描绘得那么生动逼真，把她们荡秋千的技巧表现得那么高妙迷人，这正可从一个侧面反映出中国古代女子秋千技巧的发达。

《荆楚岁时记》云："春秋悬长绳于高木，士女炫服，坐立其上，推引之，名秋千，楚俗谓之施钩，《涅槃经》谓之胃索。"秋千游戏最为普通的形式是在木架上悬两绳，下系横板，游戏者在板上或坐或立，摆动秋千，利用绳索前后摆动，荡出各式各样的姿势。从宗懔记载可见南北朝时，荡秋千已经在女子中非常普及。古人认为秋千既可摆疗祛病，还可释闺闷，使深闺中的女子得到消遣，所以特别为女子所喜爱。长期被锁在闺阁深院中的女子，在明媚的春光下，走出闺房舒展一下身体，摆荡一阵秋千，当然有益身心健康，更是赏心乐事。正因如此有人还说女子始为秋千呢！成为年轻女子的专利。

至唐代，荡秋千成为一项风靡朝野的时髦游戏活动，无论是宫廷中贵族妇女，还是普普通通的民间女子，都对秋千格外热衷，从荡秋千中享受到种种难得的人生乐趣。五代王仁裕《开元天宝遗事》载："天宝宫中，至寒食节，竞竖秋千，令宫嫔辈戏笑，以为宴乐。"一到寒食节，宫女们就急不可待地高树秋千架，穿上艳丽的服装，登上秋千，凌空悠荡，体态轻盈，尽情玩乐，彩衣绣裙迎风飘扬，宛如仙女自九天飘飘而降。这种忽上忽下，在彩云端树枝头飘飘荡荡的游戏，颇能令人产生一种飘飘若仙的遐想，所以，唐玄宗看后称赞秋千为"半仙之戏"，从此民间也这么称呼秋千。

　　民间女子在寒食节荡秋千，与皇宫相比，规模更大，参加的人数更多，场面也更加热闹。女子们常常三五成群围聚在秋千架前，你推我拉，我摆你荡，身体随着秋千上下翻飞做出各种轻柔美妙、灵活多变的动作。唐代诗人对女子荡秋千写下无数诗篇，描写了女子荡秋千时生动活泼、姿态万千的情景，表现了女子荡秋千时欢快喜悦、无限眷恋的心情，赞美了女子荡秋千时顽强勇敢、充满自信的精神。

　　唐代诗人韦庄《丙辰年鄜州遇寒食城外醉吟五首》中描写女子荡秋千情景云：

满街杨柳绿烟丝，
画出清明二月天。
好是隔帘花树动，
女郎撩乱送秋千。

　　诗人王建《秋千词》更是生动描绘了少女荡秋千时的装束打扮、柔美身姿和灵巧动作，也隐约透露出作者对荡秋千的喜爱，诗云：

长长丝绳紫复碧，
袅袅横枝高百尺。
少年儿女重秋千，

> 盘中结带分两边。
> 身轻裙薄易生力，
> 双手向空如鸟翼。
> 下来立定重系衣，
> 复畏斜风高不得。
> 傍人送上那足贵，
> 终睹鸣珰斗自起。
> 回回若与高树齐，
> 头上宝钗从堕地。
> 眼前争胜难为休，
> 足踏平地看始愁。

　　王维《寒食城东即事》描写秋千在春天的树林中上下翻飞，足球与天上飞鸟竞高低的生动场面说："蹴鞠屡过飞鸟上，秋千竞出垂杨里"。杜甫《清明二首》写自己十年漂泊中每遇清明会见到女子荡秋千取乐，便发出了："十年蹴鞠将雏远，万里秋千风俗同"的感叹。元稹《杂记》中对女子荡秋千亦有优美描写：

> 花笼撒月竹笼烟，
> 百尺丝带拂地悬。
> 忆得双文人静后，
> 潜教桃叶送秋千。

　　当寒食渐为清明所代替后，人们也

多在清明节荡秋千。宋代王禹偁《清明》诗云："稚子就花拈蛱蝶，人家依树系秋千。"这里描写宋代时人们清明荡秋千的情景。清明春风拂柳之际，玉貌女郎三五成群在绿树红花之间荡秋千，确实充满诗情画意，欧阳修"绿杨楼外出秋千"，"乱红飞过秋千去"；苏轼"墙里秋千墙外道，墙外行人墙里佳人笑"；李清照"蹴罢秋千，起来慵整纤纤手。露浓花瘦，薄汗轻衣透"等，都是闺秀碧玉荡秋千的情景写照。宋代宫中秋千亦很盛行，宋宁宗忽然心血来潮，对秋千发生兴趣，于是宫女们登上秋千架，上下凌空翻飞，体态轻盈优美，让皇帝大饱眼福。杨皇后《宫词》就记述了此事：

> 忽地君王喜气浓，
>
> 秋千高挂百花丛。
>
> 阿谁能逞翻飞态，
>
> 更得称雄女队中。

辽元明清历代，因当道提倡，荡秋千益加盛行，元人熊梦祥《析津志》中云："辽俗最重清明，上至内苑，下至士庶，俱立秋千架，日以嬉为乐。"元代亦同样，无名氏《梧叶儿·三月》写少女荡罢秋千寻丝手帕惟妙惟肖：

女
子
游
艺

> 春三月，花满枝，秋千惹
> 绿杨丝。才蹴罢，舒玉指，摸
> 腰儿；谁拾得鲛绡帕儿。

元代的权贵家例于每年春三月还举办
"秋千会"。元末明初李祯《剪灯余话》
载，生于相门的孛罗"家极富贵，第宅
宏丽"，宅后有杏园，在京城富贵人家也
称第一。每年春三月间，孛罗的妹妹、
女儿们邀请院判奄都剌、经历东平王荣
甫的女眷到杏园，设秋千竞荡为游戏，
整日欢乐，从二月末到清明后方才罢休，
称为"秋千会"。

荡秋千这种女子游戏在当时豪门富
家屡见不鲜。元代高则诚《琵琶记》第
三出对闺中小姐荡秋千有着形象描绘：

> 玉体轻流香汗，绣裙荡漾
> 明霞。纤纤玉手把彩绳拿，真
> 个堪描堪画。
>
> 本是北方戎戏，移来上苑
> 豪家。女娘撩乱隔墙花，好似
> 半仙戏耍。

明代宫中每逢清明宫人都要荡秋千
戏乐。据《灯宫遗事》载，三宫六院都
要各设秋千一架，嫔妃宫女相邀嬉戏为
乐，宫女们干脆称清明节为"秋千节"。

当时民间亦是荡秋千蔚成风俗，人们所玩的秋千种类已有很多，有单秋千、双秋千、转轮秋千等等。山东《寿光县志》记载了转轮秋千的盛行：

> 寒食清明二日……人家植双木院落，系绳板为秋千，唐人所谓"半仙戏"也。又或于市町广场，竖巨木高数丈，缚车轮于木杪，而垂屈板于周遭，有多至三十二索者，横巨木于下，以人力推转。妇女靓妆盘旋，空中飞红扬紫，翩若舞蝶，千百为群，蹴尘竞赴。

这种大规模的女子秋千活动，亦反映出秋千风靡一时，明人王问《秋千行》亦云：

> 此戏曾看北地多，
>
> 三三五五聚村娥。
>
> 今日江南初见此，
>
> 丽人如花映瑶水。

是见大江南北女子竞荡秋千。董遐周《春情诗》亦云：

> 杂佩明珰竞可怜，
>
> 春风渐短画楼前。
>
> 千秋戏罢莺同坐，
>
> 百草赢来柳共眠。

董逌周诗中把"秋千"写作"千秋"。这是汉代宫中的叫法。而冯惟敏《黄莺儿·鞦韆》则描写四个女子站在一块横板上荡秋千，荡出花色名目来："兴飘然，湘裙大展，现八瓣金莲。"

在《金瓶梅》第二十五回中，写吴月娘率领几个风流女子一起荡秋千，以消春昼之困。吴月娘、孟玉楼、李瓶儿、潘金莲、李娇儿、春梅、西门大姐、玉箫、蕙莲轮番上架悠荡，众风流女子中，惟有蕙莲的秋千技术最好，只见她手挽彩绳，身子站的直屡屡的，脚趾定下面的画板，也不用人推送，那秋千飞在半天云里，然后忽地飞将下来，端的却是飞仙一般，甚可人爱。

到了清代，上自内苑，下至乡村，每逢节日也要竞立秋千架，嬉戏为乐。清代自坤宁宫及各宫，清明时各竖秋千一架，宫女们自有荡秋千的服装，金绣衣襦，香囊结带，头插柳枝，双双相向悠荡，绮罗飘舞，彩带交飞。乾隆皇帝有诗形容说："未许人间轻比拟，壶中游戏半仙娥。"据《燕京岁时纪胜》等书记载，从京城到市镇中的百姓"家家树秋千为戏"，那种场面非常壮观，女子们难

得迎来秋千节,自然要尽情玩乐一番。正如《盐源竹枝词》所云:

> 高悬彩架接云天,
> 共庆新年胜旧年。
> 姊妹艳妆争奇丽,
> 情郎抛索送秋千。

在少数民族地区,荡秋千也是一项女子十分酷爱的游戏活动。蒙古语、维吾尔语、哈萨克语中,"秋千"一语意为"花朵",可称谓花枝招展的女子,足见当地女子对秋千的喜爱和荡秋千时的美丽风采,真是个"摇曳秋千斗艳妆"。《番社采风图考》中,也有南方少数民族女子开展秋千游戏的记载。在云南少数民族地区,女子荡秋千花样繁多,阿昌族有纺车秋千、土家族有轮子秋千、彝族有水磨秋千等等,说明秋千在当地女子中非常普及盛行。《黔书》还载,贵州风俗好秋千,正月十五灯节尤盛,"妇女抛掷至晓,有立、有坐、有两人对抱,飘裾荡影,渺然云际"。

鸢飞蝶舞喜翩翩　远近随心一线牵

——清明芳郊放风筝

每当春风拂柳的季节，春光明媚，绿草如茵，人们仰望无边无际的蓝天，总是看到那五彩缤纷、千姿百态的风筝尽情地飞舞盘旋，得意春风，使刚从冬眼中苏醒过来的世界充满了盎然生机。人见人爱的风筝，在中国有着十分悠久的历史。

风筝又称纸鸢，而纸鸢的前身是木鸢，出现在春秋战国时期。《墨子·鲁问》载："公输子削竹木以为鹊，成而飞之，三日不下。"公输子就是传说中木匠的祖师爷鲁班。这种用竹木做成的会飞的鹊，很可能就是最早的风筝了。《韩非子·外储说》说："墨子为木鸢，三年而成，蜚一日而败。"用竹木做会飞的鸟很不容易，但这木鸢可视作风筝的滥觞。相传楚汉相争时，淮阴侯韩信率军十万把项羽楚军包围在垓下，令人赶制了一只大风筝，找了一个瘦小身轻的人坐在风筝上，飘到楚营上空，吹奏起楚地思乡之曲，凄凉哀婉的曲声，引起楚军思乡之情，楚军八万士兵一夜间散去。这传说虽不可尽信，但风筝在汉朝已出现，却是可能的。宋代高承《事物纪原》中说，刘邦率兵征讨叛将陈豨，韩信在长安趁机谋反时，准备挖地道，从地下进攻未央宫，曾以放风筝测量未央宫的距离。显然这也是一则古代传说，都是韩信使用风筝的故事。

南北朝时，梁武帝太清三年侯景谋反，将台城团团围住，城内兵疲粮绝，无人可出。名将羊侃曾用风筝系上告急诏书，让萧纲在太极殿前乘风放出，以招救兵。事见《南史·侯景传》。北齐天保十年，北齐文宣帝高洋滥杀元氏皇族，曾将一批皇族囚禁在金凤台上，诸囚犯乘坐风筝逃命，结果只有一个叫黄头的死囚，乘风筝飘到城外的紫陌。这是最早以风筝载人成功的例证，见于《北史·列传七》。汉魏南北朝时期的风筝，史书上称作纸鸢、纸鸦、纸鸥，多为形制很大的风筝。

据《新唐书·田悦传》载，唐德宗建中二年，张伾被叛军田悦围困在临洺，情况危急，张伾急中生智，"以纸为风鸢"，上书告急之言，风鸢升空后飞过田悦军营，求救书终于由风鸢送达马燧营中，马燧率兵营救，解围成功。故尔清人赵翼《陔余丛考》"纸鸢"条中论及此事说："是纸鸢亦有时济用。"唐代，风筝不仅用于军事，也成了人们游戏玩具。中唐诗人元稹《有鸟十二章·纸鸢》生动记录了当时儿童放风筝的情形。晚唐诗人高骈更有佳作《风筝》，诗云：

夜静弦声响碧空，
宫商信任往来风。
依稀似曲才堪听，
又被风吹别调中。

当时不仅出现了带响的风筝，还有带灯光的风筝，在夜空中如繁星点点。每当风吹风筝的竹管，发出阵阵悦耳的声音，远远传来好似有人拨动古筝的琴弦，因此，纸鸢就被人称作风筝。但明人陈沂《询刍录》却把风筝的命名权算在五代李邺头上。他说："纸鸢又名风鸢，初，五代汉李邺于宫中作纸鸢，引线乘风为戏，后于鸢首以竹为笛，使风入作声，如筝鸣，俗呼风筝。"由春秋战国时期的木鸢到汉魏南北朝时期的纸鸢，再到唐五代时期的风筝，经历了一个漫长的过程，这一过程向人们展示了风筝由军事工具转化为游戏玩具的历史。

到了宋元时期，风筝流传更加广泛，成为妇孺喜闻乐见的一种游戏，放风筝的习俗盛行民间，由于春风由下往上吹，适于放风筝，故多在清明前后进行。宋徽宗就是一个风筝的热心倡导者，他喜欢在宫中放飞风筝，有时会飘落到城外平民百姓家。他还曾主持编纂过一本风筝专著《宣和风筝谱》。文人墨客亦写下了无数吟咏风筝的诗篇，北宋名相寇准就有《纸鸢》：

碧落秋方静，腾空力尚微。

清风如可托，终共白云飞。

宋徽宗时官至户部尚书的侯蒙有一首写风筝的词，很有别致。侯蒙年年赶考，岁岁失意，三十多岁得了一个乡贡，人们颇有点看不起他。这年春天，正是放风筝的时候，有人拿他开玩笑，做了个大风筝，上画侯蒙的画像，将风筝放飞到半空中，风筝在空中飘舞，好似侯蒙在空中悠荡。侯蒙见了不生气，还提笔在风筝画像上题写道：

未遇行藏谁肯信？如今方表名踪。无端良匠画形容，当风轻借力，一举入高空。

才得吹嘘身渐稳，只疑远
赴蟾宫。雨余时候夕阳红，几
人平地上，看我碧霄中。

侯蒙借风筝表达自己情怀，反过来嘲笑
开他玩笑的人说：你们最终是站在平地
上，看我升入碧云霄吧！不久之后，侯
蒙参加科考，果然春风得意，一举登第
了，到五十多岁时，已做了很高的官。

明清时期，是风筝发展的鼎盛时期。
全国各地在春日放风筝，已是民俗生活
中不可缺少的部分。风筝造型更是千姿
百态，人物风筝，动态传神；动物风筝，
惟妙惟肖；吉祥纹样风筝，更令人钟爱。
一批文学家、画家多以风筝为题材，吟
诗作画，留下了许多佳作。明代画家徐
渭创作了不少风筝画并题诗，多达二十
五首，其中一首云：

筝儿个个竞高低，
线断筝儿打一交。
若个红靴不破绽？
若人红袄不鏖糟。

民间年画也有许多以放风筝为题材的，
还有不少以风筝放事为题材的戏曲、曲
艺和民间文学，各种笔记中更是屡屡记
述议论风筝掌故。

女子尤喜爱风筝，春风放风筝嬉戏是一大乐事。金陵名妓杨宛有《看美人放纸鸢五首》，就是女子放飞风筝的生动写照，其一云：

> 共看玉腕把轻丝，
> 风力蹉跎莫厌迟。
> 顷刻天涯遥望处，
> 穿云拂树是佳期。

更有一首广为流传的《十姐妹放风筝》民歌，展现了青春少女清明踏青放风筝的生动景象：

> 三月寒食是清明，姐妹十人去踏青，捎带放风筝。
>
> 大姐放了一个小张生，二姐放了一个嬉莺莺，二人把亲成。
>
> 三姐放了一个杨宗保，四姐放了一个穆桂英，二人把枪拧。
>
> 五姐放了一个梁山泊，六姐放了一个祝英台，二人下山来。
>
> 七姐放了一个牵牛郎，八姐放了一个织女星，二人下天宫。

九姐放了一个是唐僧，十姐放了一个孙悟空，师徒去取经。

姐妹风筝已放完，欢欢喜喜回家转，大地好春光。

曹雪芹《红楼梦》第七十回写大观园众姐妹春日放风筝，极富生活情趣。众姐妹和丫头们各自放飞花色各异的风筝，有大蝴蝶、美人、大凤凰、大鱼、大螃蟹、大蝙蝠、一连七个大雁，还有门扇大的玲珑喜字带响鞭，在半天如钟鸣一般。最有趣的是放断线风筝。古代民间习俗，就是等风筝升入高空后，剪断放飞线，让高空气流携带风筝，越飞越远，最后消失在蓝天白云中。这样做意思是放晦气，让病痛、灾祸和种种不吉利都随断线风筝一去不返。曹雪芹描写林黛玉"放晦气"说：

黛玉见风力紧了，过去将籰子一松，只听豁喇喇一阵响，登时线尽，风筝随风去了。黛玉因让众人来放。众人都说："林姑娘的病根儿都放了去了，咱们大家都放了罢。"于是丫头们拿过一把剪子来，铰断了线，那风筝都飘飘摇摇随风而去。一时只有鸡蛋大，一展眼只剩下一点黑星儿，一会儿就不见了。众人仰面说道："有趣！有趣！"

从《红楼梦》所作的详尽描写，集中反映了清代风筝的种种特点，亦说明曹雪芹对风筝十分内行，20世纪70年代初，有人披露发现曹雪芹专门论述风筝制作的专著《南鹞北鸢考工志》，对风筝的扎、糊、绘、放四艺有精到的论述，曹雪芹作有自序，说写此专著是为了帮助"有废疾而无告者，谋其有以自养之道也。"并配有各式风筝的图谱。

历代放风筝有明确的节令性，自宋以后，清明前后放风筝已成定例。清代仍盛行清明放风筝。清代《潍县志》记载："清明，小儿女作纸鸢、秋千之戏。纸鸢其制不一，于鹤、燕、蝶、蝉各类外，兼作种种人物，无不惟妙惟肖，奇巧百出。""桃李葩吐，杨柳含烟，凌空纸鸢，高入云端。"

清人李声振《百戏竹枝词·放风筝》咏京城女子放风筝说："百丈游丝放纸鸢，芳郊三女禁烟前。"禁烟即指清明节前的寒食节。李声振自注云:"以线系纸鸢,乘风纵之,恒在清明前郊外也。"《北京民间风俗百图》中亦有一幅放风筝图,图边注云:"此中国放风筝之图也。每到春季,无事之人用竹披子做成蝴蝶或各样飞禽不等,上系线一条,户空放起,人仰面视之以吸空气,所谓卫生也"。杨韫华《山塘棹歌》也咏道:"春衣称体近清明,风急鹞鞭处处鸣。"上海张园春日还举办风筝会,清末画家吴友如有《风筝会》图记录,题记中云:"盖沪上张氏味莼园中多隙地,时有孩童入放风筝,故园主人拟设一风筝会,藉以招徕裙履逐队遨游也。"

吴友如《时见美人》画当时上海女子率子放风筝,正是女子喜爱这一游戏的写实。而在南方福建、广东,多在重阳节放风筝。清人屈大均《广东新语》载广州农历九月九日"载花糕萸酒,登五层楼、双塔,放响弓鹞。"吴友如《纸鸢遣兴》绘福建重阳节放风筝,并题云:"闽中风俗,重阳日都人士女,每在乌石山、于山、屏山上,竞放风筝以为乐。"尽管如此,放风筝一般多在春日,清人顾禄《清嘉录》称"春日竞放,川原远近，摇曳百丝"，而"清明后，东风谢令，乃止，谓之放断鹞"。就是说放风筝是到清明为止，清明这天放一年里最后一次的风筝就称为放断鹞。

最后，用今人邓拓《风筝》诗结束，诗云：

> 鸢飞蝶舞喜翩翩，
> 远近随心一线牵。
> 如此时光如此地，
> 春风送你上青天。

女子游艺

女子游艺

五月五日端午节　约同姊妹雅相会

——女郎花间斗百草

　　斗百草是中国古代一种十分有趣的游戏，与秋千一样是女子的专利。斗百草一般总是在农历五月五日端午节进行的。南朝梁人宗懔《荆楚岁时记》载："五月五日，四民并踏百草，又有斗百草之戏。"唐人韩鄂《岁华纪丽》亦载："端午结庐蓄药，斗百草，缠五丝。"斗百草游戏之所以一般都在端午节进行，与它本是一种渊源于古代辟邪除毒风俗的活动有着密切关系。

　　早在战国时期，人们已把五月五日视为恶月恶日，这也有一定的道理。农历五月已进入夏季，正是天气炎热、疾病多发的季节，很多毒蛇害虫都在五月之间活跃起来，古人认为该月中有蛇、蝎、蜈蚣、壁虎、蟾蜍等五毒，经常会给人造成极大的危害，人被咬后伤口也容易发炎。因此，古人把五月称为恶月。尽管古人的这种认识并不全面，但是五月的气候条件的确会给人的健康带来不利。为了防御疾病，增强健康，每当到了端午之时，人们便要遍踏百草，采集药材，并用采得的药材熬制成汤进行沐浴。

《夏小正》就说："是月蓄药，以蠲毒气。"很多人在这一天要饮菖蒲酒，是为了预防五毒叮咬和伤口发炎。还有以雄黄涂耳鼻的习俗，以驱毒祛瘟，《直隶志书》就说："是日午，具角黍渍菖蒲酒，阖家饮食之，以雄黄涂耳鼻，取避虫毒之义也。"由此习俗又发展为端午喝雄黄酒，民间有"喝了雄黄酒，百病都远走"的谚语。在戏剧《白蛇传》中，白素贞也就是白蛇饮雄黄酒现原形，本来就是取材于民间传说。

古代在五月端午时踏百草、采药材、熬汤药、饮药酒的做法，逐渐演变为一种采花草、斗花草的社会习俗。后来人们在端午节采的不一定是药材，而更多的是各色花草，每逢闲时，人们就用这些采得的花草相互斗嬉取乐，于是就出现了斗百草的游戏活动。最初的玩法是斗草的韧性，参加游戏的两人持草相对，每人各持一花草茎，并使双方的花草茎相交缠，然后双方同时用力往自己一方拉扯，谁的花草茎先断，谁就被定为输家。后来又有一种玩法是对花草名，参加游戏的一方先说出一种花草的名称，另一方则应以另一种花草名称相对，如君子竹对美人蕉等，这样一先一后地对下去，直到一方对不上来为止。这种游戏最受女子的喜爱。

最早见诸记载斗百草的女子，当数美女西施，《词林海措》云："吴王与西施尝作斗百草之戏。故刘禹锡诗云：若与吴王斗百草，不如应是欠西施。"唐代斗百草游戏十分普遍，白居易《观儿戏》诗云："弄尘复斗草，尽日乐嬉嬉。"不仅民间孩童女子喜爱斗百草，就连大唐公主也在端午节玩起斗百草游戏来。

据刘颂《隋唐嘉话》载，晋代谢灵运长着一脸漂亮胡须，他犯了罪将被处斩，临行之际，将美须施舍给南海祇洹寺，装在维摩诘像下巴上。寺僧对这胡须倍加爱护，过了许多年后似无一点污损。到了唐中宗时，安乐公主在一年端午节斗百草时，为了要使她的斗草品种更加丰富，便令人飞马前往南海祇洹寺取谢灵运的胡须。她还担心有人再从寺中得到胡须而战胜她，干脆派人将剩余的胡须也全部剪掉。这是一个非常有趣的唐代端午斗百草故事。

斗百草还经常成为青年男女之间传递爱情的方式。敦煌曲子词中，就有一些作品描写唐代民间青年男女一边斗百草嬉戏，一边谈情说爱的情景，斗百草被青年男女用来作为表达爱情的手段。斯六五三七、伯三二七一《斗草词》中，第一段描写姑娘在花林中斗花草时选择了情郎，第二段描写在斗花草的游戏中男女双方交游调笑，竞相嬉戏，第三段则是经过斗花草之后男女交往定情的情话情词。由于斗百草游戏与男女谈情说爱有关，因此，这种游戏在唐代民间一直十分盛行。

五代后蜀宫中亦盛行斗百草，后蜀主孟昶的宠妃花蕊夫人对宫女斗百草嬉戏曾有过生动描写，她在一首《宫词》中写道：

> 斗草深宫玉槛前，
> 春蒲如箭荇如钱。
> 不知红药阑干曲，
> 日暮何人落翠钿。

宫女们从宫池水畔采来似箭的春蒲、如钱的苔菜，在深宫玉槛前斗百草为戏，一直玩到黄昏，芍药阑干曲折幽深之处，不知谁人遗落金钗翠钿，可见宫女们斗百草之专心致志，乐而忘乎所以。另一首《宫词》云：

> 水中芹叶土中花，
> 拾得还将避众家。
> 总待别人般数尽，
> 袖中拈出郁金芽。

这首诗状写一位颇有心计宫女斗百草的举动，极为生动细腻。花蕊夫人观察细致，抓住宫女斗百草游戏中最有代表性的一两个动作，写来尤为传神，那聪明的宫女先是去采摘各种花草，以备斗用；然后藏在袖中不让他人知晓，等到斗到关键时刻，突然从袖中抖露出郁金香草来，以使对方难以预料。表现了蕴藉于斗百草游戏之中的种种诗情画意和美妙无比的情趣，使人神往入迷。

唐至五代时期，女子有时斗花。《花史》载："长安士女春时斗花，以奇花多者为胜，皆以千金市名花植于庭，以备春时之斗。"富贵人家女子为了斗花取胜，不惜千金购买名花，种植在花园里，作为春时斗花的本钱。又据《清异录》、《十国春秋·南汉后主纪》载，五代时南汉后主刘铱在位期间，每逢春季，喜欢令宫女斗花取乐。

　　大宝七年三月，正值春暖花开季节，一大清早，刘铄令人打开宫中花园芳林园大门，让宫女们入园各自任意采择鲜花。过了一会，命令宫女们全部返回宫中内殿，并锁上芳林园大门，让宫女们集中在殿中斗花比赛胜负。内殿由太监守卫门户，宫女们排好队依次报上姓名，搜过怀袖，进入内殿后不准再出来，法制甚严，时号"花禁"。宫女们经过一番斗花比赛，输了的，要拿出金银作为宴会的费用。这是让宫女斗花供刘铄取乐。清人史梦兰《全史宫词》记此事云：

> 后苑春光似海深，
> 年年花禁重芳林。
> 抱关细捡楼罗历，
> 胜负先分买宴金。

　　宋代女子斗百草十分风行，宋人诗词中屡有描述，北宋万俟咏《三台·清明应制》词中写细柳垂丝、莺啼燕飞的清明之际，春心女儿欢快地荡秋千、结伴斗草："近绿水、台榭映秋千，斗草聚、双双游女。"北宋范仲淹《斗茶歌》写男子斗茶，女子斗草云："君莫羡花间女郎只斗草，赢得珠玑满斗归。"南宋陈亮

《水龙吟·春恨》写层楼深处，画帘半卷，闺中思妇几多幽怨无法排遣，只得"金钗斗草，青丝勒马，风流云散。"宋人写女子斗草最生动精彩的是北宋晏殊《破阵子·燕子来时新社》：

> 燕子来时新社，梨花落后清明。池上碧苔三四点，叶底黄鹂一两声。日长飞絮轻。
>
> 巧笑东邻女伴，采桑径里逢迎。疑怪昨宵春梦好，元是今朝斗草赢。笑从双脸生。

词人捕捉住两位采桑女子斗百草寻乐的场面，写出了少女活泼天真、纯洁无瑕的神态，是一幅清新明丽的郊外嬉春图。

明清时期，人们将端午节称作"女儿节"，凡家中小闺女都要打扮得漂漂亮亮，头上簪以榴花；已经出嫁的女儿，也都要回娘家省亲，用雄黄酒沾涂小儿额头和手足，为的是祛虫健身，百病不生。然后三五成群聚在一起斗百草。清人张潮《补花底拾遗》说女子生活乐趣之一就是约邻家美艳女子来一起玩斗百草游戏。李声振《百戏竹枝词·斗百草》序云："古人已有此戏，以吉祥而少见者为胜。闺人春日为之。"诗云：

一带裙腰绣早春，

踏青时节小园频。

斗他远志还惆怅，

惟有宜男最可人。

可见明清时期斗百草游戏在女子中非常盛行，为此《红楼梦》、《镜花缘》中都对女子斗百草有精彩描述。

《红楼梦》第六十二回有一段生动的女子斗百草游戏描写，表现的是香菱、芳官、蕊官、藕官、豆官、小螺等人互相斗花草名玩乐的场面。当时众人采了一些花草来兜着，坐在花草堆里斗草。这一个说："我有观音柳"。那一个说："我有罗汉松。"那一个又说："我有君子竹。"这一个又说："我有美人蕉。"这个又说："我有星星翠。"那个又说："我有月月红。"这个又说："我有《牡丹亭》上的牡丹花。"那个又说："我有《琵琶记》里的枇杷果。"豆官便说："我有姐妹花。"众人没了，香菱便说："我有夫妻蕙。"豆官说："从来没有听说有个'夫妻蕙'！"香菱说："一个剪儿，一个花儿叫做'兰'，一个剪儿，几个花儿叫做'蕙'，上下结花的为'兄弟蕙'，并头结花的为'夫妻蕙'。我这枝并头的，怎么不是'夫妻蕙'?"豆官没的说了。这段描写把斗百草游戏描写得十分形象生动,的确趣味横生。

《镜花缘》第七十七回"斗百草全除旧套,对群花别出心裁",写蒋春辉、陈淑媛、窦耕烟、邴芳春、毕全贞、掌浦珠、钟绣田、谭惠芳、张凤雏、褚月芳等等一批女子在百药圃里斗百草游戏。李汝珍用了六七千字的篇幅描写众女子别出心裁地对花名。孟紫芝四处一望,只见墙角长春盛开,因指着道:"头一个要取吉利,我出长春。"窦耕烟道:"这个名字竟生在一母,天然是个双声,倒也有趣。"掌浦珠道:"这两个字看着虽易,其实难对。"众人都低头细想。陈淑媛道:"我对半夏,可用得?"蒋春辉道:"长春对半夏,字字工稳,竟是绝对。妹子就用长春别名,出个金盏草。"邴芳春遥指北面墙角道:"我对玉簪花。"下面诸如观音柳对罗汉松、旋花对舞草、续断对连翘、接骨对扶筋、菊婢对桃奴、蝴蝶花对蜜蜂草,一直到帝女花对王孙草,洋洋洒洒,几乎把百花对尽,又把百花的别名巧用活对,真是让人大开眼界。

女子游艺

　　对这种斗百草游戏，古人也有不同看法，高则诚《琵琶记》中老院公听说要斗百草耍，连忙口称斗百草不好，为什么不好？他说：

　　　　香径里扳残草色，雕阑畔
　　折损花容。又无巧艺动王公，
　　枉费了工夫何用？惊起娇莺语
　　燕，打开浪蝶狂蜂。若还寻得
　　并头红，早把你芳心引动。

在老院公看来，斗百草一来折损花草，二来又无巧艺，更有"打开浪蝶狂蜂"之弊，所以女子还是别玩为好。老院公亦是仁者见仁、智者见智，为此大可不必细究。

女子游艺

银汉横斜玉漏催　穿针瓜果钉妆台

——七夕佳人喜乞巧

农历七月初七，古称七夕，是夕女子祭祈河鼓、织女二星，以追慕天上织女的工巧和牛郎织女鹊桥相会的恩爱，所以也叫乞巧节、女儿节、双七节等。此节的起源与牛郎织女天河相会的美好传说密切联系，最初是由星名衍变而来。在民间，这是一个完全属于女子的佳节。

早在西周时期，人们就认识了牵牛星和织女星，《诗经·小雅·大东》云：

维有天汉，　遥望太空银河宽广，
监亦有光。　水如明镜如泛波光。
跂彼织女，　织女星座相互支撑，
终日七襄。　七次更移终日繁忙。
虽则七襄，　虽然来回移动奔忙，
不成报章。　难以织出华丽花样。
睆彼牵牛，　看那牵牛灿灿发光，
不以服箱。　却也不能驾驭车辆。

虽然没有爱情纠葛，但织女牵牛已被人格化了。到了汉代，人们开始为织女牵牛联姻。汉代的《古诗十九首》之一描绘说：

迢迢牵牛星，皎皎河汉女。

纤纤擢素手，札札弄机杼。

终日不成章，泣涕零如雨。

河汉清且浅，相去复几许。

盈盈一水间，脉脉不得语。

牵牛织女分居天河两岸，却不能互通一语。这是最早而又最完整地描写牵牛织女神话传说的诗作，显然是把牵牛织女看作一对夫妻。

宋人陈元靓《岁时广记》引西汉刘安《淮南子》佚文有"乌鹊填河成桥而渡织女"的故事情节。唐人韩鄂《岁华纪丽·七夕》云"鹊桥已成，织女将渡"下注引东汉应劭《风俗通》佚文说："织女七夕当渡河，使鹊为桥。"虽是只言片语，却成为有关织女七夕渡河与牵牛相会的最早故事轮廓。直到南北朝，牵牛和织女才正式结婚，但她们的婚姻很不美满。

据《月令广义·七夕令》引南朝梁人殷芸《小说》载，织女是天帝的孙女，年年在机杼上纺织，天帝可怜她独处，将她嫁给天河西边的牵牛郎。但织女结婚后，不再纺织了。天帝大怒，责令她回到河东，一年只许和牵牛郎见一面。

女
子
游
艺

道教的玉皇大帝和王母娘娘形成后，民间按照自己的喜好进行改造丰富，逐渐演变为一个追求自由、幸福的美丽爱情神话故事，千百年来，风靡天下，广为人知。

据《物原》记载，战国"楚怀王初置七夕"。从牵牛织女故事的演变来说，七夕节正式形成于汉代，主要风俗活动是穿针乞巧和看牛郎织女相会。晋人葛洪《西京杂记》说："汉彩女常以七月七日穿七孔针于开襟楼，俱以习之。"七孔针大概是专为七夕而特制的游艺性乞巧针，显然是测试穿针本领的器具，它只是在七夕时让女子把丝线连续穿过七个孔，就能证明她手巧，这穿七孔针是表示向织女乞讨智巧。七孔针平日里是不能用来缝衣的。《世王传》又说，汉文帝窦皇后少时秃顶，七夕家人都去望月看织女，独不准她去。南朝梁人宗懔《荆楚岁时记》说得更为详细：

> 七月七日，为牵牛织女聚会之夜，是夕，人家妇女结彩楼、穿七孔针。或以金银鍮石为针，陈瓜果于庭中以乞巧，有喜子网于瓜上，则以为符应。

由于织女是一个心灵手巧、十分能干的仙女，因此受到广大女子的崇拜，每至七夕便向织女乞巧，此后七夕祀星乞巧代代相沿，到唐代更为盛行。

唐代织染署将七月七日定为祭杼日，唐玄宗在骊山避暑时，专门在七夕陪杨贵妃祭月乞巧。他还在宫中专修了一座锦绣华丽、高达百尺的乞巧楼，供宫女们乞巧。每到七夕，陈设瓜果酒菜，先祭牵牛织女双星，嫔妃们各执七孔针、五色线，对月穿针，穿过的就是"得巧"了。民间女子更是喜从织女乞巧，唐人崔颢《七夕》云："长安城中月如练，家家此夜持针线。"形象地描绘了唐代京城七夕穿针乞巧的民俗。女子穿针乞巧是企盼得到织女的赐巧，使自己变得心灵手巧，更加精于女红。五代冯翊子《桂苑丛谈》还载女子得巧之事，唐肃宗时郑侃之女采娘，七夕陈香筵祭织女乞巧，织女给她一根金针，并言"你当奇巧"，采娘从此绣艺超人。这只是千百年来女子的一种美好愿望和真心企盼而已。

七夕穿针乞巧盛行，在唐代诗歌中多有反映，六岁神童林杰《乞巧》云：

> 七夕今宵看碧霄，

女子游艺

> 牵牛织女渡河桥。
>
> 家家乞巧望秋月，
>
> 穿尽红丝几百条。

"家家乞巧望秋月"反映出唐代穿针乞巧风靡盛行。权德舆《七夕》亦云：

> 今日云屏渡鹊桥，
>
> 应非脉脉与迢迢。
>
> 家人竞喜开妆镜，
>
> 月下穿针拜九霄。

女子七夕穿针拜月都要开镜打扮得漂漂亮亮的，然后通宵嬉戏，一个"喜"字正是女子当时心情的写真。敦煌文献斯二一〇四《乞巧》亦云：

> 七夕佳人喜夜晴，
>
> 各将花果到中庭。
>
> 为求织女专心坐，
>
> 乞巧楼前直至明。

唐代七夕，女子还喜欢玩藏蛛卜巧的游戏。五代王仁裕《开元天宝遗事》说，唐代宫女在祭祀双星后，还要各捉一只蜘蛛，藏在首饰盒中，到第二天早晨打开盒子看看是否结网，以蜘蛛结网疏密，来确定是否得巧，如果蛛网结得密，就算乞的巧多；蛛网稀疏则得的巧少。清人史梦兰《全史宫词》中"晓开玉盒看蛛网，昨夜曾登乞巧楼"即云此事。宋代这一民俗游戏亦盛行，宋人孟元老《东京梦华录·七夕》载："或取小蜘蛛，以金银盒之，次早观其网丝圆正，名曰得巧。"直到清末，此俗仍流行民间，光绪年间编修的《武进阳湖县合志》卷二就有记载："向夕，陈瓜果祀织女星，别供丝、丝绣针、脂粉。又于奁盒贮蜘蛛，晓启视之，以布网为得巧。"以蜘蛛结网感应女子的织绩，更何况蜘蛛在民俗中是吉兆之物，有"喜蛛"之称，蜘蛛至，百喜来临，成为带来喜庆兆头的使者，故有此戏。

乞巧活动既是玩乐游戏，也是企盼心灵手巧。此风在宋代更加大盛，《东京梦华录》卷八说七夕"贵家多结彩楼于庭，谓之乞巧楼。铺陈磨喝乐、花、瓜、酒、炙、笔、砚、针、线，或儿童裁诗，或女郎呈巧，焚香列拜，谓之乞巧，妇女望月穿针。"吴自牧《梦粱录》卷四亦云："七月七日，谓之七夕节，其日晚晡时，倾城儿童女子，不论贫富，皆著新衣。富贵之家，于高楼危榭，安排宴会，以赏节序。又于广庭中设香案及酒果，遂令女郎望月，瞻斗列拜，次乞巧于女、

女子游艺

牛。"周密《武林纪事》也说:"七夕,妇人女子,至夜对月穿针,饾饤杯盘,饮酒为乐。"这些描述使人想见当时之盛况。

元明清各代沿袭唐宋旧俗,却又有发展。据元末陶宗仪《元氏掖庭记》载,宫女们乞巧时还有斗巧的游戏。七夕,宫女们登上专供乞巧的九引台,以五彩丝穿九尾针,谁先穿完为得巧,谁后穿完则为输巧。众人还要出资赠给得巧者。元武宗至大年间,洪妃独宠后宫,七夕,诸嫔妃不得登上九引台,她独自一人让几名宦官陪她登台,在彩楼祭月乞巧。洪妃剪彩散落于台下,令嫔妃宫女争相拾之,以拾到彩丝艳淡分胜负。次日举办斗巧宴,由负者出资。民间则把七夕作为女儿节,《析津志》说当时北京盛行于这一天邀女流作巧节会。

明清乞巧形式不断出新,花样颇多,除了穿针乞巧,蜘蛛卜巧外,更流行丢巧针游戏。明人刘侗、于奕正《帝京景物略》记述了当时丢巧针游戏:

七夕七日之午,丢巧针。

妇女曝盎水日中,顷之,水膜生面,绣针投之则浮。则看水

底针影，有成云物花头鸟兽影
者，有成鞋及劈刀水茄影者，
谓乞得巧。

清人顾禄《清嘉录》亦有丢巧针游戏的
记述：

七日前夕，以杯盛鸳鸯水，
掬和露中庭，天明日出晒之，
徐俟水膜生面，各拈小针投之
使浮，因视水底针影之所似，
以验智鲁，谓之乞巧。

七夕的前一天夜晚就要准备好河水井水
各半相掺的鸳鸯水，放在庭院承受露水。
到第二天放在太阳下晒，等水面起膜，
便投针乞巧，女子便全神贯注地看水底
针影，根据不同影像来判断巧拙。所以，
王士祯《都门竹枝词》云：

七夕针楼看水痕，
家家小妇拜天孙。
明朝得巧抛针线，
别买宣窑蟋蟀盆。

各地民间女子都有不同形式的乞巧
游戏，极富生活情趣。江苏南京女子用
蟋蟀草代替绣花针观影卜巧；山西临晋
女子七夕生麦豆芽，称为巧芽，以麦豆
芽尖漂针试巧；河北遵化女子则削瓜芽

如花瓣，放上绣花针，置盘中乞巧；江苏武进女子以凤仙花染指甲乞巧；东北女子还用松针代替绣花针乞巧，称为掷花针，并在清宫中盛行。旧时有一首《乞巧歌》唱道："乞手巧、乞容貌，乞心通、乞颜容，乞我爹娘千百岁，乞我姐妹千万年。"这里是女子向织女乞美容、乞父母长寿、乞姐妹们和睦同在等。甚至有男子效仿。传说唐代名将郭子仪曾在家中女眷七夕乞巧时，也请求织女赐给长寿富贵，织女笑着说："大富贵亦寿考"。这样看来，七夕织女实在太忙太累，有女子十分体谅织女的心情，一年只有今夕一次与牛郎相会，主张不要去打扰她。清代才女徐暎玉在《七夕》诗中说：

> 银汉横斜玉漏催，
> 穿针瓜果钉妆台。
> 一宵要活经年别，
> 那得功夫送巧来。

千百年来，尽管从未有女子得到织女的授巧，但她们还是有极大的热情和企盼，每逢七夕乞巧不辍。

应是蟾宫别有情 每逢秋半倍澄清

——中秋节虔诚拜月

每年农历八月十五日是我国传统三大节之一中秋节，亦称仲秋节、八月节、团圆节。中秋时节天高气爽，月光清朗，唐人许昼《中秋月》："应是蟾宫别有情，每逢秋半倍澄清。"殷文圭《八月十五夜》："万里无云镜九州，最团圆夜是中秋。"就是对中秋月华的最好概括和赞美，最能引起人们美妙的遐想。

中秋节成俗，民间有种种神话传说，流传最广的便是"嫦娥奔月"，散见于《归藏》、《淮南子》、《灵宪》等古代典籍之中，说法也不尽相同。通常的说法是：远古帝尧时，曾有十个太阳一齐出现在天空，炎热把土地烤焦，把禾苗晒枯，人们无衣无食，面临死亡的威胁。天帝便派大神后羿下凡人间，拯救苍生苦难。后羿领了天帝的使命，带着他的女神妻子嫦娥降到下界。后羿擅长射箭，对不听劝告的十个太阳，拿出天帝赐给他的红弓白箭，搭上箭弯满弓，对准天上的太阳射，一口气射下了九个太阳，最后一个太阳吓得认罪求饶，后羿这才息怒收弓。

后羿为百姓除了大害，天下百姓都感念他的功德，视为心目中最大的英雄。然而天帝却大发雷霆，他原本是派后羿去规劝他的十个太阳儿子，没料到让后羿一下子射死了九个，所以不让后羿夫妻返回天庭。嫦娥不甘心，对丈夫多有责怨。后羿听说昆仑山西边的西王母有不死药，就不辞艰辛去求药。西王母对有功于百姓的英雄后羿的不幸遭遇，极表同情，就给了后羿一包药，说："这药，两人分吃了可以长生不老，一人吃了则可以升天。"后羿高兴地把药带回家，交给嫦娥保管，准备择吉日两人同吃。嫦娥不愿留在人间作凡女，想回天上过神女的生活，一念之差的自私，使她趁着后羿不在家的一个晚上，把药全部吞服了，顿时奇迹出现，嫦娥身轻如燕，不由自主地飘出窗口，一直朝天庭飘去。

当快要接近天门时，嫦娥害怕天上众神耻笑她背叛丈夫不义，便躲到寒冷的月宫。可是月宫的冷清却是嫦娥先前一点也没有料到的，伴陪她的只有一只终年捣药的白兔和一株桂树。寂寞冷清的月宫神仙生活，使嫦娥懊悔不已，可惜为时已晚，再也出不了月宫。唐人李商隐《嫦娥》诗中云："嫦娥应悔偷药灵，碧海青天夜夜心。"这是诗人对她的怜悯和讥讽。据说每于嫦娥奔月的八月十五之夜，后羿都望月摆供，祈盼妻子返回人间相团聚，由此积淀成后世民间拜月祈圆的习俗。

其实，嫦娥奔月的传说，只是为中秋节披上了一层神秘而美丽的色彩。民俗专家们认为这个节日起源于远古先民对月亮的崇拜。《尚书·舜典》有祭祀六宗记载，据孔颖达注云：六宗乃四时、寒暑、日、月、星、水旱六位天帝下属的神，月神作为其中之一受到崇拜。《周礼·籥章》载："中春，昼击土鼓，吹豳诗以逆暑；中秋，夜迎寒，亦如之。"这是中秋一词最早的文献记载，其祭月形式是击鼓望月而祭祀。《礼记》中亦有"天子春朝日，秋夕月"记载，"夕月"即祭月拜月之意。凡此种种均可视为中秋节的渊源。可见早在先秦时期祭拜月亮就已岁时化、制度化并已列入朝廷典章制度。说明了我国祭拜月亮风俗起源久远。尽管嫦娥奔月的文字记载到汉代才出现，但民间广大女子，对嫦娥的不幸遭遇和争取自由的抉择，都取同情、赞美态度，所以民间的中秋拜月活动，均以女子为主。

唐代的拜月盛行，似是从七夕拜双星风俗演变而来的。唐代一直多在七夕拜月，至晚唐，才与中秋家庭团圆风俗相结合，转变为八月十五日中秋之夜拜月，这一转变对后世有广泛而深刻的影响。唐代以后，改变了唐人以七夕拜月为主、八月中秋拜月为次的习俗，逐渐形成了主要在八月中秋拜月的风俗。

宋代中秋拜月赏月的风俗十分盛行。《东京梦华录》卷八云："中秋夜，贵家结饰台榭，民间争占酒楼玩月。笙歌远闻千里，嬉戏连坐至晓。"《梦粱录》卷四"中秋"条更有精彩详尽的记载：

> 八月十五日中秋节，此日三秋恰半，故谓之"中秋"。此夜月色倍明于常时，又谓之"月夕"。此际金风荐爽，玉露生凉，丹桂香飘，银蟾光满，王孙公子，富家巨室，莫不登危楼，临轩玩月，或开广榭，

玳筵罗列，琴瑟铿锵，酌酒高
歌，以卜竟夕之欢。至如铺席
之家，亦登小小月台，安排家
宴，团圆子女，以酬佳节。虽
陋巷贫窭之人，解衣市酒，勉
强迎欢，不肯虚度。此夜天街
卖买，直至五鼓，玩月游人，
婆娑于市，至晓不绝。

中秋之夜，女子更加活跃，在露台或庭
院设案，摆上月饼、瓜果、芋芳、莲藕、
毛豆枝等供品，一个个盛妆打扮，焚香
拜月，口中轻声念诵祝词，少女祈求早
得佳偶，妇人祈求夫妻恩爱，新妇祈求
早生贵子，一般不让旁人知道为宜，故
古人有诗云："日暮出画堂，下阶拜新
月；拜月如有词，旁人那得知。"宋人金
盈之《醉翁谈录》卷三还载有先秦丑女
拜月变美而被选入宫之事。俗传齐国无
盐女钟离春，恐怕是天下长得最丑的女
子，只因幼年虔诚拜月，一下子由丑小
鸭变成了白天鹅，后来以德选入宫中，
但一直未受到齐宣王的宠幸。有一次，
无盐女庭中拜月，被正在赏月的齐宣王
看见，月下美人，亭亭玉立，犹如天上
仙女下凡一般，齐宣王一见顿时迷恋得

神魂颠倒，从此宠爱有加，封为皇后。金盈之记此事慨叹云："乃知女子拜月，有自来矣。"这传说非常有意思，无盐女钟离春是否拜月而变丑为美，实在无法得知，齐东野语，姑妄听之。

到了明清时期的中秋拜月赏月更加盛行。拜月成了中秋节最普遍、也最重要的一个活动。据明人刘侗、于奕正《帝京景物略》载，每逢八月十五日中秋拜月，家家拜月供奉的果饼必须是圆的，并设立月光牌位对着月亮升起的地方，向着月亮供奉祭拜，还要从市中纸肆买回月光纸，画着满月图像，中有月光普照菩萨趺坐在莲花上，月光下是月宫桂殿，前有玉兔人立执杵捣着臼中仙药。这种月光神祃小的三寸，大的一丈，精致的还在纸上洒金，金碧缤纷。月光神祃供在月光牌位上，设下供案摆好瓜果、月饼等祭品。等月亮升起，便燃烧斗香恭祀太阴星主月光菩萨来享用。礼拜之后，就把月光神祃焚烧，开始撤供，把祭品分给家人享用，出门在外的，也要替他留一份。这一天，凡是回娘家探亲的女子，必须返回婆家，一起过团圆节。

由于祭拜的对象是月神太阴星主，

拜月自然以女子为主，并有一些风俗规矩，一是女子拜月，男子不拜。《燕京岁时记》就说"供月时男子多不叩拜"，京城还有"男不拜月，女不祭灶"的谚语。二是女子先拜，男子后拜。《京都风俗志》明确地说："人家妇女拈香先拜，男子后拜，以妇女为属阴，故祭月先之，此取义之正也。"三是女子拜月时，男子须回避。《北平俗曲十二景》云："八月中秋月光圆，供月须当广寒，女拜回避男，果品要周全。"关于拜月，明清文人笔记和方志中屡见记述，也反映出当时中秋拜月风俗的格外繁盛。

一般来说，旧时女子拜月祈祷习俗，大致有三方面内容：一是民间掌管婚姻之神月下老人常在月下翻检人间婚牒，撮合匹配男女。女子年当婚嫁，愿觅佳婿，遂对月祭拜，恳求如愿以偿。二是月中嫦娥是个美丽无比的仙女，女子拜月乃求貌似嫦娥，为情人或丈夫所爱怜。三是满月容易使人联想到全家团圆，闺中思妇拜月乞求月神让久在他乡的丈夫早日归家，夫妻团圆。人们相信，在皎洁月光下焚香祭拜表达的愿望一定会实现。所以古人把女子拜月又叫作"请月姑"，月姑就是月神，女子中秋于月下设果饼膜拜致词，深深下拜，默默祝愿。若论中秋拜月，则多以女子为主角，似已成为一种定式。

九日同登百尺台　茱萸遍插菊花开

——重阳古风佩茱萸

　　农历九月初九是我国传统节日中又一个事象繁多、内蕴丰厚的民间庆节，称为重阳，其名来自《易经》的阴阳理论，以一、三、五、七、九为天数，即阳数；二、四、六、八、十为地数，即阴数；其中"九"是极数，又称"老阳"。九月九日，月份日数均为九，故曰重阳，或重九。九月九日有种种民俗活动，如佩茱萸、登高、饮菊花酒、吃重阳糕等等，所以也称茱萸节、登高节、菊花节等，此篇专说与女子相关密切的佩茱萸古风遗俗。

　　关于重阳节俗的渊源说法颇多，最为流行的当为"桓景避难"的颇富传奇性传说故事。据南北朝梁人吴均《续齐谐记》载，东汉时，汝南人桓景拜同乡费长房为师，随他游学修道多年。有一天，费长房对桓景说："九月九日，你家中当有大灾降临。"桓景惶恐，忙求师父指点消灾免难的办法。费长房教他说："你快快回去，让家里人用红色小布袋盛放茱萸，系在手臂上，然后登高饮菊花酒，便可逢凶化吉。"桓景按师父所言，全家人臂佩茱萸袋，登山饮菊花酒。天晚下山返家，只见家中鸡狗牛羊全部暴死，不由咋舌庆幸。此事传开，每逢九月九日，人们都学桓景举家出游，佩戴茱萸，饮菊花酒，以求免灾，相沿成俗。吴均下结论说："今世人九日登高饮酒，妇人带茱萸囊，盖始于此。"

此说虚妄荒诞，不足为训。明代谢肇淛《五杂俎》卷二指出："汉初已有之矣，不始于桓景也。"其实，重阳节这些古俗由来已久。晋人葛洪《西京杂记》就记述了汉初宫中盛行这些古俗。汉高祖刘邦的宠妃戚夫人被吕后害死后，她身边的侍女贾佩兰出宫嫁给扶风人段儒为妻，她对人说："在皇宫里的时候，每年九月九日，大家都要佩茱萸，吃蓬蒿饼，喝菊花酒，能使人长寿。"《太平御览》引晋人周处《风土记》说："九月九日律中无射而数九，俗于此日，……折茱萸房以插头，言辟恶气，而御初寒。"九月九日佩茱萸避邪，在桓景之前就已成俗了，而且成了重阳节里不可或缺的。显然，吴均的"桓景避难"之说，乃是后人附会既成风俗，由于不知其由，遂传巫道之说，出现了"避难"的奇谈怪论。但有一点是共同的，即古时重阳佩茱萸都与女子密切相关。

茱萸是一种茴香科落叶亚乔木植物，有吴茱萸、食茱萸、山茱萸数种。夏季开花，秋季结果，呈小粒裂状，味极辛香，果实可吃，茎叶可入药，功能暖胃燥湿，是古人常用作防疫治病的民间良药。郭璞注《尔雅》云："《本草》：茱萸一名樧，而实赤细者。"江苏方志记"吴茱萸"说："吴茱萸，高丈余，皮色青绿，春末开细花，红紫色，七八月结实如椒子，梢头累累成簇，熟则深紫。"可见茱萸是一种类似红辣椒的子房类果实，具有辣椒的辛辣杀气。古人视之为除患益寿的"嘉木"。晋人孙楚《茱萸赋》就云："有茱萸之嘉木，植茅茨之前庭，……森蔓延以盛兴，布绿叶于紫茎。"是见晋代已经开始种植茱萸。庭院房前栽种茱萸，每届成熟，气味芳香，可祛害虫，增年益寿。故尔俗信茱萸可以驱邪避毒，治病延年，俗称作"辟邪翁"。

北魏山东益都人贾思勰有一部著名的农学专著《齐民要术》，是我国现存最古、最完整的一部农书，书中卷四载："舍东种白杨、茱萸三根，增年益寿，除患害也。"又说："井上宜种茱萸，茱萸叶落井中，有此水者无瘟病。"人饮了浸有茱萸叶的井水，亦有防瘟祛病的保健作用，所以，贾思勰从茱萸的药用功能出发，大力提倡家中屋前井边种植茱萸，这是十分科学的。古人佩茱萸古俗，恐怕正是与古人对重阳时炎冷交替容易致病气候及茱萸的药用价值的认识有关。女子们多主家中事，庭院种植几株茱萸，重阳之际，信其能除患辟邪，便摘上一枝佩戴在身，或做成茱萸囊为孩童佩戴，或送上一枝给情人保平安，这也是习以为常的事。重阳节佩茱萸与女子关系密切，恐怕是有一定的道理。

茱萸为何能辟邪气呢？周处《风土记》称"九月九日，以茱萸气烈成熟"，唐人段成式《酉阳杂俎》前卷十八《广动植物之三木篇》亦云："茱萸气好上"。这一方面基于茱萸的药用功能，另一方面其性"烈熟"、"好上"正引发了阳气升腾和登高接天的联想。由于古人认为阳表生，阴表死，疫疾、鬼祟均为阴气所化，所以俗信茱萸能留下"重阳"之阳气，并以阳退阴，实现"长寿"、"辟邪"的企盼。也正因如此，茱萸在民间成为一种吉祥物，尤为世人重视。又由于俗信重阳多灾厄，清人俞樾《茶香室续钞》说："九为老阳，阳极必变"，而九在卦卜数术中，是代表由盈而亏、由盛而衰的不吉利数字。清人董含《莼乡赘笔》就说："今人逢九，云是年必多灾殃。"而九九更是大大不吉利，必定会有灾厄降临，所以正需佩茱萸来辟除邪恶之气。

唐代，重阳节佩茱萸的习俗依然十分盛行，除了祛病延年的药用功能外，人们又增添了寄托离情、祝寿延年的吉祥寓意，唐代诗人多有吟咏。最著名的是大诗人王维的《九月九日忆山东兄弟》：

> 独在异乡为异客，
> 每逢佳节倍思亲。
> 遥知兄弟登高处，
> 遍插茱萸少一人。

诗人把重阳节当作游乐的"佳节"，遥想远在故乡的兄弟们重阳登高时都佩上了茱萸，却发现少了一位兄弟——自己不在内。好像遗憾的不是自己未能和兄弟们共度佳节，反倒是兄弟们佳节未能完全团聚。此诗千百年来广为传诵，妇孺皆诵。

诗人孟浩然《九日得新字》中云："茱萸正可佩，折取寄情亲。"杜甫《九日蓝田崔氏庄》亦有"明年此会知谁健？醉把茱萸仔细看。"都是折茱萸、看茱萸表达一种亲情友情。著名女诗人薛涛《九日遇雨二首》之二则云："茱萸秋节佳期阻，金菊寒花满院香。"女诗人此诗一出，重阳节又有了"茱萸秋节"之名了。而储光羲《登戏马台作》中云："天门神武树元勋，九日茱萸飨六军。"是说南朝宋武帝刘裕在重阳节大宴群僚于戏马台，更把茱萸当作犒赏全军的慰问品。在唐代几乎是"无菊无酒不重阳，不插茱萸不过节。"

宋代，词人吴文英《霜叶飞·重九》记重阳佩茱萸习俗云："漫细将，茱萸看，但约明年，翠微高处。"潘希白《大有·九日》词亦云："红萸佩，空对酒。"但在宋代饮茱萸酒比佩茱萸更盛行。宋人吴自牧《梦粱录》卷五载："今世人以菊花、茱萸浮于酒饮之，盖茱萸名辟邪翁，菊花为延寿客，故假此两物服之，

以消阳九之厄。"周密《武林旧事》卷三
"重九"条亦载:"都人是月饮新酒,泛
萸簪菊。"是见茱萸已渐不再主要用于佩
戴,而是浸酒药用。据《契丹国志》载,
辽代,契丹人九月九日,要用茱萸研酒,
洒在门户间,言称辟恶,所谓"殿门新
酒洒茱萸"是也。在明清时,佩茱萸一
直仍在流行,《帝京岁时纪胜》说北京重
阳节风俗仍"萸囊辟毒",正如诗人云:
"避恶茱萸囊,延年菊花酒。"清代杭州
女诗人孙云凤为大才子袁牧的十三女弟
子中之翘楚,以诗著称于时,《随园女弟
子诗选》中载有孙云凤《登高示兰友及
诸弟妹》诗,诗中记当时重阳节风俗云:
"九日同登百尺台,茱萸遍插菊花开。"
直至今日茱萸还是一味良好的中药。

雅室求趣

闲中一弄七弦琴　明月当轩会幽心

——悦心怡神独弹琴

　　琴，是中国一种历史悠久的弹弦乐
器，今日称古琴或七弦琴。唐代顾况
《王氏广陵散记》称"众乐，琴之臣妾
也。"晋代嵇康《琴赋》序中亦称"众器
之中，琴德最优。"古人对琴评价最高，
琴在古人心目中号称是中国古乐器之王。
在中国古代品类繁多、琳琅满目的乐器
中，惟有琴独得文人韵士的青睐，成为
他们常备不虞的雅器。琴棋书画是中国
古代文人韵士引为修身养性、陶冶情操
的必备四大雅器，而琴则名列榜首，或
许是因为琴体上效法天地，声音谐调律
吕，引导人神的平和，感情趋于纯正的
缘故，自古贤人君子无不弹琴抚弦以遣
兴自娱，细细玩味以解忧去闷，左边置
琴右边置书，琴书相伴度过人生。

　　清代秀水人徐震写过一部《美人
谱》，专论美女，他认为美女需具备有弹
琴、吟诗、围棋、作画等十三个方面的

技艺，弹琴名列第一。兰溪人李渔亦认为闺中女必须学习琴棋书画，特别强调学习弹琴。《闲情偶寄·声容部·习技第四·丝竹》中云：

> 丝竹之音，推琴为首，古乐相传至今，其已变而未尽变者，独此一种，余皆末世之音也。妇人学此，可以变化性情，欲置温柔乡，不可无此陶熔之具。

正因如此，自古以来闺中女子热衷弹琴，从中获取无穷的乐趣，难怪人们在对中国古代才女形象的翩翩联想中，总离不开古琴。

关于古琴与女子，历史上有许多传说和故事，都是说古琴与女子结下不解之缘。《古琴疏》说，传说中古代邹屠氏部落首领帝喾的妃子，以犹如美玉般梓木制琴，又以美玉璊玗作为装饰，所以古琴又名"璊玗"。《女红余志》又云：女丸用黎洞宝香木做琴，用昆仑山的青玉做琴弦，所以琴又叫碧弦琴。

古琴的弦用蚕丝制成，取其坚韧而发音纯正。《贾氏语林》上曾记载这样一件事，相传蚕最乖巧，作茧时往往能遇物成形。有一寡妇独居空室，长夜倚枕，久不能寐。她就倚在床头，从墙孔中看邻居家中蚕儿作茧。翌日，蚕茧的形状都颇似这个寡妇的脸形，隐隐约约是一副愁眉苦脸的样子。大琴家蔡邕见了，就将蚕茧买回来，缫丝后制成琴弦，安在古琴上，弹奏时琴音总带点忧愁之声，人们听了不禁会流下同情的泪水。蔡邕向女儿蔡琰询问为什么，蔡琰回答说："这是寡妇丝"。

蔡琰是古琴史上著名的女子琴家，殷伟的《中国琴史演义》作有专门论述。蔡琰六岁辨音识弦是千古传诵的琴事佳话。有一次，蔡邕夜里独自弹焦尾琴，突然断了一根琴弦，蔡琰在隔壁听到了，马上就说："断的是第二根弦吧！"蔡邕对女儿的听音天才大吃一惊，以为她是偶然猜中，继续弹琴时，蔡邕故意弄断一根弦，蔡琰脱口而出说："是第四根弦。"蔡邕惊叹不已。蔡琰从小就显露出惊人的音乐才华，后来创作了琴曲《胡笳十八拍》，人称为古琴史上的千古绝唱。蔡琰与父亲蔡邕号称琴史上父女琴家。

古人认为古琴得天地之气会有灵性，

成为琴精，化为美丽的女子，专门与嗜琴之人相会，亦见女子与古琴已融为一体。南宋邓州人金鹤云擅弹古琴，有一年，他云游秀州，客居一富家，其卧室靠近招提寺。金鹤云白天出外游玩，夜晚焚香拂琴，有一夜，忽见一年约十七八岁的美貌佳人前来听琴，说是素酷好古琴，特意冒禁前来相会。两人弹琴唱曲不亦乐乎，不知不觉过去半年。忽然，一天晚上，那美貌佳人珠泪挂腮，与金鹤云依依不舍告别离去。转眼三年过去，富家修筑院墙，挖到一个石匣，打开一看，里面有古琴一张。富家人想到金鹤云酷爱古琴，就派人送去。金鹤云爱不释手，设净室供放古琴，一天，他处理完公务，推开净室门，看见琴几处坐着三年前相识的美貌佳人，急忙走近细看，但见古琴在琴几，素手拂弦，依然琴声铮铮，他方才悟出那美貌佳人是琴精。

南宋词人刘过也曾在建昌麻姑山遇到琴精，但不及金鹤云意味深长。这种传说虽为无稽之谈，但作为古琴文化的一个特殊内容，很是有趣，美人善弹古琴，文人爱古琴如同美人，便生出一段风流韵事来。

据《甲申朝事小纪》载，明代嘉靖年间，太监戴竹楼擅长弹琴，凡是古人的名谱，全都通晓。江南有一官宦人家夫人，也十分精通琴术，自以为琴技盖世无双，出神入化。她听说京城戴竹楼的琴名后，就准备去会一会。于是她雇了一条船，带着古琴和婢女，径直来到京城。京城擅长弹琴的男男女女，都慕名来拜访她，但没有一个弹琴能超过她。她击败京城弹琴高手后，这才去拜访戴竹楼，来到戴竹楼的宫外宅邸通报姓名，等了很久，戴竹楼打开厅门，把江南贵妇人请了进去，隔着帘子各行宾主礼，戴竹楼作了个揖，让妇人坐在帘外，也不道寒暄，便先弹了一曲，刚一弹完，妇人泪流如雨，把随身携带的一张价值百两黄金的名琴，摔碎在石阶上，叹道："我不能凭琴独占高名了！"说罢转身出来，乘船返回江南。这位妇人虽不敌戴竹楼，但琴弹得的确不一般，不仅在江南一带享有高名，还击败了京城弹琴高手。明代好琴善琴的女子远远不止这个没留下姓名的妇人，当时女子弹琴已成为一种时尚。

元代庄氏女，精于女红，尤好弹琴

弄弦，把琴作为必修课目，以琴排遣苦闷，寄托幽思；又以琴陶冶性情，自娱自乐，琴乐活动成为她闺中生活必不可缺的部分。她有一张名琴名曰"驻电"，喜欢弹奏名曲《梅花三弄》，此曲最早是一首笛曲，为东晋桓伊所作，他吹三弄梅花之调，高妙绝伦，后人以此曲入琴，《伯牙心法》解题云："以梅花为花之最清，琴为声之最清，以最清之声写最清之物，宜其有凌霜音韵也。"庄氏女清冷香中一曲琴，优美流畅的琴声，形象地表现了梅花恬静端庄的音乐形象，听她弹琴的人从她那古淡清雅的琴声中，仿佛闻到阵阵梅花暗香。于是人们纷纷呼其名曰："庄暗香"。庄暗香又以"暗香"为琴命名。庄暗香把弹琴看作是寄情托志的最佳方式，也是修身养性、消遣闲暇的风雅事情。

明朝末代皇帝明思宗酷好弹琴听琴，与田妃还有一段琴缘。田妃不仅容貌漂亮，而且身怀多艺，弹得一手好琴。一天，明思宗退朝回宫，非常疲惫。田妃就抚琴弹奏起来，那纤纤素手，灵活的指法，行云流水般的琴声，使明思宗紧绷的神经松弛下来，听得如痴如醉，抚摸着田妃的手，笑问："卿家身怀如此妙技，何以藏而不露？"田妃回答说："妾身不敢以贱艺干扰皇上。"明思宗叹道："朕为国事日夜操劳，偶听雅奏，足以抒郁闷畅胸怀。朕也喜欢弹琴，只是很少有时间抚琴弄弦。"

从此以后，每当明思宗连日操劳时，田妃总是找机会为他弹奏一曲，让皇上放松一下；每当明思宗心情烦闷时，田妃就弹琴为皇上解闷，田妃弹琴如抱月怀风，音韵清朗，明思宗为田妃的琴声迷住，总是留在田妃宫中，自然引起其他嫔妃的忌妒，就连周皇后也有点不高兴。

一天，明思宗听完田妃弹琴，来到周皇后宫中，问周皇后说："皇后就不能弹琴吗？"周皇后冲了一句，说："田妃跟什么人学的指法？"明思宗听出了周皇后所说的弦外之音，怀疑起田妃身世来，诘问田妃。田妃说是母亲教的，生日那天，接母亲进宫，等明思宗临幸时，田妃让母亲弹奏《广陵散》。明思宗听后，想起田妃说过的话，打消了疑虑，还让田妃继续跟母亲学琴。从此，明思宗不但不怀疑田妃，反而对她更加宠幸。明思宗身处内忧外患之中，十分向往道家空灵无忧的境界，亲自谱写了五道访道曲，交给田妃操练，鼓琴弹奏。田妃被皇上引为知音，琴声最能表现皇上作曲意旨，也征服了皇上，赢得了不尽的宠爱。这情寓琴声结琴缘佳话广为流传。

古代女子弹琴有许多讲究，强调弹琴的情调。《红楼梦》第八十六回中，林黛玉就有一大套高论。她说："琴者，禁也。古人制下，原以治身，涵养性情，抑其淫荡，去其奢侈。若要抚琴，必择静室高斋，或在层楼的上头，林石的里面，或是山巅上，或在水涯上。再遇着那天地清和的时候，风清月朗，焚香静坐，心不外想，气血和平，才能与神合灵，与道合妙。所以古人说：'知音难遇。'若无知音，宁可独对着那清风明月，苍松怪石，野猿老鹤，抚弄一番，以寄兴趣，方为不负了这琴。还有一层，又要指法好，取音好。若必要抚琴，先须衣冠整齐，或鹤氅，或深衣，要如古人的仪表，那才能称圣人之器。然后盥了手，焚上香，方才将身就在榻边，把琴放在案上，坐在第五徽的地方儿，对着自己的当心，两手方从容抬起，这才身心俱正。"

这一番规矩实在太复杂，使得贾宝玉也作难起来，说："我们学着玩，若这么讲究起来，那就难了！"林黛玉把弹琴看作雅事，所以把弹琴描述得如此高雅，正是寄情淑女解琴书。

古琴是雅器，弹琴是雅事，自然要讲究情调，讲究环境，但也不必讲究太多太繁琐，自当重在多有趣味。李渔谈女子弹琴时，就有一种颇有意趣的描述：在花前月下美好的时光里，或者在绣窗底下闲坐无事的时候，要么丈夫唱而妻子和，要么美女弹琴而男子聆听，或者两人一起弹唱，声韵铿锵和谐，不用说身在这种环境里的人好像神仙一样快乐，就是画成一幅夫妇合操图，也足以让人看了神魂颠倒。

多一点情趣，就是尽情享受生活的欢乐，女子弹琴的境界，大概就是如此吧。

含情欲说宫中事　鹦鹉前头不敢言

——绣窗日永调鹦鹉

鹦鹉，俗称鹦哥，头圆，上嘴弯曲成钩状，下嘴短小，羽毛色彩美丽，有白、赤、黄、绿等色，它的舌头肉质柔软，气管有特殊构造，经过反复训练，能模仿人的语言，作为一种观赏鸟，早在两千多年之前就被人豢养在笼中，用来消遣闲情或娱乐宾客。东汉末年，江夏太守黄祖的长子黄射大会宾客，有人来献鹦鹉，他就叫文士祢衡写赋以娱宾客。祢衡揽笔而作，文不加点，辞采丰丽，写下了名篇《鹦鹉赋》，称赞鹦鹉"绀趾丹嘴，绿衣翠衿。采采丽容，咬咬好音。"这次举办宴会的所在地江中小洲，便由此得名"鹦鹉洲"。祢衡的《鹦鹉赋》确实把鹦鹉写得传神，就连唐代诗仙李白对祢衡也十分佩服，在《望鹦鹉洲悲祢衡》称其"吴江赋鹦鹉，落笔超群英。锵锵振金玉，句句欲飞鸣。"极赞祢衡的杰出才华。

自从鹦鹉被人豢养后，就一直得到贵妇人和闺中小姐的宠爱，这些女子闲得发慌，在闺中调弄一番鹦鹉，教它说话或念诗，解闷消闲，确实是一种莫大的乐趣。鹦鹉，在古代也写作"鹦䳖"，两字除了"鸟"旁之外，便是"婴"和"母"二字，意思是说它能学人语，犹如婴儿学说母亲的话，所以有了"鹦鹉学舌"的成语。

明代黎遂球《花底拾遗》中说到女子生活情趣，必不可少的就是调鹦鹉：装着鹦鹉的金丝鸟笼高高挂在树枝上，美女在湖山背后刚刚洗完澡，站在树下，调教培训鹦鹉念诵百花诗。清代张潮《补花底拾遗》也写道：在花丛下穿上晚妆，更加妖艳悦人，教给鹦鹉学吟百花诗。这是动人的美人调鹦鹉图。

鹦鹉能学话，被饲养为观赏鸟，这本是人类以自己的智慧役使自然的表现，尽管调弄鹦鹉给女子带来乐趣，但也会带来麻烦。女子内心的秘密或苦衷不能随便说，不怕隔墙有耳，只怕鹦鹉听到了模仿，一不小心让鹦鹉捅了出去。正如宋代柳永《玉楼春》所云："乌龙未睡定惊猜，鹦鹉能言防漏泄。"五代后蜀宫中的宫女寂寞之中思念自己的家乡甘肃，这种思乡之情在空房中化为言语流露出来，谁知让养在房中的鹦鹉学会了，这鹦鹉当着君王的面几次诉说，将宫女内心的秘密全都暴露光天化日之下。为此花蕊夫人写下一首《宫词》记此事，诗云：

> 鹦鹉谁教转舌关，
> 内人手里养来奸。
> 语多更觉承恩泽，
> 数对君王忆陇山。

看来在鹦鹉面前说话还真得留神，不能不提防一点。倒是唐代宫女比较聪明，在调弄鹦鹉时，深知鹦鹉学舌能言，害怕鹦鹉泄漏秘密，一天，两位宫女相依相并，站在轩前，她们被关闭在深宫中，心里充满寂寞愁苦，但她们没有互吐衷曲，从口中诉出怨情，始终含情不吐，欲说还休，她们既不是因为感情微妙到难以言传，也不是因为事情隐秘到羞于出口，只是对鹦鹉有所畏忌而不敢言，时时提防着学舌的鹦鹉。唐代诗人朱庆馀有一首《宫词》将此事作了生动写照：

> 寂寂花时闭院门，
> 美人相并立琼轩。
> 含情欲说宫中事，

鹦鹉前头不敢言。

唐代宫中训练鹦鹉的高手大有人在，鹦鹉学舌说话水平极高，竟连宫女在"鹦鹉前头不敢言"。这些鹦鹉不仅只会说话，而且还会念诗念经。

"三千宠爱在一身"的杨贵妃就是宫中训练鹦鹉的高手。当时岭南进献了一只通体雪白莹莹的白鹦鹉，杨贵妃视为珍宝，怜爱得无以复加，认为是祥瑞之兆，昵称为雪衣娘。杨贵妃驯养调教得法，把个雪衣娘调教得伶俐异常，性情驯服，颇通人性，尤以语言能力惊人。杨贵妃教授它《心经》，几遍以后，雪衣娘便能背得滚瓜烂熟，日夜不息地反复唱念，虔诚至极，似乎有所祈祷。有一次，唐玄宗为杨贵妃吟诵近人的诗篇，一旁的雪衣娘全记了下来，亮着圆润的歌喉，一一从容吟出，而且出口无误，使得唐玄宗像杨贵妃一样宠爱她。雪衣娘在唐玄宗和杨贵妃身边几乎形影不离。唐玄宗在后宫中常与杨贵妃或诸王博弈，每当唐玄宗棋子落下定成败局时，只要轻呼一声"雪衣娘"，雪衣娘闻声立即扑腾翅膀，飞到棋盘上一阵扇翅翻舞，使棋子凌乱不堪，面目全非，对手们无法再争道，只好从头开始。

然而有一天，杨贵妃照常带上雪衣娘去后苑散心消遣一番，雪衣娘在宫殿前的栅栏上嬉戏游玩，正在这时，一只凶猛的猎鹰突然直扑过来，雪衣娘在猎鹰的利爪抓扑下，血肉模糊，一命呜呼。杨贵妃闻讯赶到，望着雪衣娘的尸体，痛惜不已，眼里早已含满了泪水，哀悯之情郁塞心中，久久难以释怀。雪衣娘被隆重地葬入后苑中，特意树碑立传，呼为鹦鹉冢。雪衣娘聪慧到能够念诗唱经，通晓人性，真是一只皇宫内不可多得的好鸟啊！

曹雪芹《红楼梦》中的林黛玉调教鹦鹉也颇有功夫，称得上是一绝。《红楼梦》第三十五回中这样描写道：

> 林黛玉回到潇湘馆来，一进院门，廊下的鹦鹉见林黛玉回来了，冷不防"嘎"的一声，扑了下来。林黛玉吓了一跳，说："你作死呢！又扇了我一头灰。"那鹦鹉知趣地又飞上架去，张开嗓子叫道："雪雁，快掀帘子，姑娘来了。"林黛玉止住步，用手扣架说："添了食水

不曾?"谁知那鹦鹉竟长叹一声,大似黛玉素日吁嗟音韵,接着念道:"侬今葬花人笑痴,他年葬侬知是谁!"黛玉、紫娟听了,都情不自禁地笑起来。紫娟笑道:"这都是素日姑娘念的,难为他怎么记了。"黛玉便令将鹦鹉架摘下来,另挂在月洞窗外的钩上。于是进了屋子,在月洞窗内坐下,只见窗外竹影映入纱窗,满屋内阴阴翠润,几簟生凉。黛玉无可释闷,便隔着纱窗,调逗鹦鹉做戏,又将素日所喜欢的诗词教鹦鹉念了起来。

看来林黛玉确实是个调教鹦鹉的行家老手,其调教鹦鹉的功夫远远不比唐代宫中驯养鹦鹉的高手杨贵妃逊色。

宋代的闺中女子尤喜欢养教鹦鹉,闲来教鹦鹉学念诗句,如"等候大家来院里,看教鹦鹉念新诗。""碧窗尽日教鹦鹉,念得君王数首诗。"都是当时调教鹦鹉的真实写照。当时甚至连男人们也效仿女子调教起鹦鹉来,有一位姓段的富商,养一鹦鹉,在他的调教下,这只鹦鹉不仅能朗诵鹦鹉诗和李白的宫词、佛教的心经，还能在客人来时，立刻鸣叫上茶，向客人寒暄问安。主人十分宠爱它，它也十分依恋主人，几乎人鸟心竟相通。宋末才女张玉娘，有侍女紫娥和霞娥，皆有才色，又养了一只鹦鹉，似通人意，号为"闺房三清"。张玉娘病死，两个侍女恸哭不止，霞娥忧伤过度而死，紫娥上吊自尽，那只鹦鹉也悲鸣而死。家人把"闺房三清"给张玉娘陪葬，时人称张玉娘墓为鹦鹉冢。这只鹦鹉对主人如此依恋难舍，简直像人一样看重感情，是只很独特的鹦鹉，也是个死心眼嘛！

明代乌程女子沈琼莲，从小聪慧，博览经史，过目不忘，十三岁时作为才女被选进宫，明宪宗亲自面试，以"守宫论"为题，沈琼莲发端云："甚矣，秦之无道也！宫岂必守哉？"明宪宗龙颜大悦，擢居第一，给事禁中，授女学士。沈琼莲在宫中，闲暇养了一只白鹦鹉，教它朗诵《尚书·无逸篇》，这白鹦鹉一学就会，为明宪宗朗诵，清朗流利，无一差错，乐得明宪宗连声称绝。清代史梦兰《全史宫词》有诗咏道：

第一名传作论初，

内中学士职新除。

绣窗日永调鹦鹉，

好为君前诵尚书。

这白鹦鹉也是一只奇鸟，连那佶屈聱牙的古文尚书也能熟练流利朗诵，的确罕见。

清代慈禧太后十分喜爱养鹦鹉，当时的直隶总督袁世凯为了讨得慈禧太后欢心，进贡上一对从印度弄来的鹦鹉。慈禧太后一见到这对脚上系有极细的金质短链，并肩栖息在一根玉树枝上玲珑可爱的鹦鹉，十分惊异，高兴地连声说道："好，太好了！"恰在此时，那两只泊来鹦鹉中的一只突然发出悦耳动听的声音："老佛爷吉祥如意！"另外一只也不甘落后，接着高声叫道："老佛爷平安健康！"慈禧太后听罢大惊大喜，忙下旨命一名太监专门饲养伺候这对会来事的鹦鹉，对它们的食物和饮水要给予特殊的保护。

慈禧太后哪里知道，袁世凯为了这两只鹦鹉学舌字正腔圆，不知花费了多少心血和银两，以此来取悦老佛爷的欢容。自从得到这两只懂事献媚的鹦鹉后，慈禧太后把它们当作心肝宝贝，经常对着这对鹦鹉嬉戏，使她本来是寂寞消闲的生活中增添了无穷的快乐。当然啰，在她开心痛快地欢娱之中，也没有忘记袁世凯的大名。

千叶花开香色殊　花中彩蝶来去舞

——嬉戏追逐扑蝴蝶

蝴蝶是一种常见的昆虫，种类繁多，《尔雅翼》云："今菜中青虫，当春时，缘行屋壁或草木上，以丝自围，一夕视之有圭角，六七日其背罅裂，蜕为蝶出焉。"李时珍《本草纲目》又称为"蛱蝶"，注释云："蛱蝶轻薄，夹翅而飞，蕖蕖然也。蝶美于须，蛾美于眉，故又名蝴蝶，俗谓须为胡也。"蝴蝶作为美丽的吉祥物，在中国文化史上亦有丰富的蕴含。

蝴蝶两翼色彩缤纷斑斓，世称"彩蝶"，古人传为仙人遗衣所变化。《古今图书集成·禽虫典》引《罗浮旧志》云："罗浮山有蝴蝶洞，在云峰岩下，古木丛生，四时出彩蝶。世传葛仙遗衣所化。"葛仙指晋代葛洪，字稚川，他是中国道教史上著名道士，少年时跟随他从祖葛玄的弟子郑隐学习炼丹，后来听说交趾盛产炼丹的主要原料丹砂，就要求去当地作句漏县令，到了广州后被刺史邓岳挽留，遂入罗浮山隐居炼丹，得道成仙。

罗浮山中至今尚存葛洪炼丹遗迹，道教称之为"第七洞天"。

关于"蝶化"的传说，还有两则极为著名，几乎家喻户晓。一为庄周梦蝶，《庄子·齐物论》载：

> 昔者庄周梦为蝴蝶，栩栩然蝴蝶也。自喻适志与，不知周也。俄然觉，则蘧蘧然周也。不知周之梦为蝴蝶与？周与蝴蝶则必有分矣。

庄子梦为蝴蝶，与蝴蝶化而为一，物我两忘。后人因此称梦为"蝴蝶梦"、"蝶梦"，成为诗词曲常用的典故，唐代李白《古风》云："庄周梦蝴蝶，蝴蝶梦庄周，一体更变易，万事良悠悠。"

另一则是中国四大民间传说之"梁祝"故事中化蝶的结局。《祝英台小传》云："英台乃造梁墓前，失声恸哭，地忽开裂，堕入茔中，绣裙绮襦，化蝶飞去……今山中杜鹃花发时，辄有大蝶双飞不散，俗传是两人之精魂。今称大彩蝶，尚谓祝英台云。"明代冯梦龙在《情史·祝英台》中按语云："吴中有花蝴蝶，橘蠹所化。妇孺呼黄色者为梁山伯，黑者为祝英台。俗传祝死后，其家就梁冢焚衣，衣于火中化成二蝶。"梁祝化蝶的爱情故事不知催落了多少人的泪水。

昆虫中最美丽的当数蝴蝶，人称会飞的花朵，蝴蝶那轻盈的舞姿，无疑就是一首美妙的诗，当阳春三月春风苏醒万物的时候，蝴蝶也从蛹中醒来，色彩缤纷的蝴蝶恋花翩翩起舞，有时穿过绿枝，憩在花蕊上；有时飞下台阶，停在青青草尖。欣赏蝴蝶，是良辰美景中一大乐事，历代诗人吟咏不绝，其中宋代诗人谢无逸一人就有咏蝶诗三百多首，如"飞随柳絮有时见，舞入梨花无处寻。""桃红李白一番新，对舞花前亦可人。"可谓形容蝴蝶的轻盈舞姿，已臻化境，有"谢蝴蝶"的美誉。

阳春三月，百花盛开，彩蝶飞舞，在花丛中扑蝶嬉戏，更是闺中女儿的赏心乐事。关于扑蝶嬉戏，最早的记载是唐代宫中宫人扑蝶以为戏。唐代苏鹗《杜阳杂编》云：

> 穆宗皇帝殿前种千叶牡丹，
> 花开时，香气袭人，一朵千叶，
> 大而且红。上每睹芳盛，叹曰
> 人间未有。自是宫中每夜即有
> 黄白蛱蝶万数飞集于花间，辉

> 光照耀，达晓方去。宫人竞以
> 罗巾扑之，无有获者。上令张
> 网于空中，遂得数百，于殿内
> 纵嫔御追捉以为娱乐。迟明视
> 之，则皆金玉也。其状工巧，
> 无以为比。而内人争用绛缕绊
> 其脚，以为首饰。夜则光起妆
> 奁中。

这是说五彩斑斓的蝴蝶是金玉所化，不免带有几分神秘色彩。清代史梦兰《全史宫词》咏此事云："千叶花开香色殊，夜深扑得玉腰奴。绛丝绊脚光生鬓，胜似滕王旧蝶图。"

其实这则记载传递了一个信息，就是唐代宫中嫔妃宫女在春光明媚之际，常在花丛中扑蝶嬉戏。清代王初桐编著的《奁史》卷九十六《禽虫门三》中就说："三月三日，宫中诸妃悉扑蝶以为戏。"对于闲极无聊的嫔妃来说，扑蝶嬉戏是一件趣事乐事。

唐代风流皇帝唐玄宗还有一段有关蝴蝶的风流艳闻。据五代王仁裕《开元天宝遗事》载，开元末，风流皇帝唐玄宗后宫女子多达四万，不知道怎么安排她们为自己侍寝服务，后来，唐玄宗想

女子游艺

出了一个办法，每年春天的傍晚，唐玄宗一边喝着酒，一边将一群宫嫔集中起来，让她们头上插戴鲜花，唐玄宗则亲自捉来一只粉蝶，在一群如花似玉的后宫女子们面前放开。蝶性恋花，唐玄宗追随着蝴蝶走，蝴蝶停落在谁的头上，当晚谁就侍寝，陪皇帝睡觉。唐玄宗还不无得意地把这风流办法称为"蝶幸"。自从杨贵妃入宫，夺得皇帝的独宠后，这种风流办法才派不上用场，遂不复此戏，后宫女子只得独守空房自叹息。

大概是受"蝴蝶媒人"的影响，民间有一种"媚蝶"的习俗。《岭表录》载，鹤子草蔓上，春天生长着一种虫，越地女子将虫捉来养在粉奁中，像养蚕一样，用叶子饲养，此虫老后结茧，脱而为蝶，为赤黄色。据说女子佩戴此蝶，能使丈夫爱悦，故尔号称"媚蝶"。这与唐穆宗时后宫女子用绛丝拴蝶以为首饰一脉相承，蝴蝶美丽多彩，女子爱美，美女佩戴美丽的蝴蝶，自然是美上加美，让人怜爱喜悦。

在古代有钱人家闺中少女足不出户，除了深宅大院，幽深闺房，最大的活动天地，莫过于府上后花园，春暖花开，扑蝶成了一大娱乐活动。明代黎遂球写了一部《花底拾遗》，会集名花，品评美人，描写女子置身花中的种种情趣，其中多处写到女子扑蝴蝶：迈着娇媚的步伐体态去到花园中，寻找娇媚的蝴蝶，用歌扇扑蝶，又用一缕青丝系住彩蝶，用玉簪划破葳蕤，藏入小蝴蝶，又将捉来的蝴蝶制成百蝶谱，还捉了两只花蝴蝶装在盒子里，准备送给邻家女子。美人戏蝶，融为一体，表达出女子的闲暇生活乐趣。元人赵岩在北门李氏园亭小饮，看到主人家的千金小姐追逐十二只蝴蝶，即席赋成《喜春来过普乐天》云：

> 琉璃殿暖香浮细，翡翠帘深卷燕迟。夕阳芳草小亭西。间纳履，见十二个粉蝶儿飞。一个恋花心，一个挽春意。一个翩翩粉翅，一个乱点罗衣。一个掠草飞，一个穿帘戏。一个赶过杨花西园里睡，一个与游人步步相随。一个拍散晚烟，一个贪欢嫩蕊，那一个与祝英台梦里为期。

全曲一一描写十二只蝴蝶动态，穷形尽相，自不待言。尤其把怀春少女期盼像梁祝化蝶故事那样成双成对的心境，写得余韵深长。

《金瓶梅》第十九回写吴月娘领着众妇人游赏新落成的花园，有的坐在绿茵上斗草，有的临轩对景，有的伏槛观花，有的下棋。惟有潘金莲在山子前、花池边，用白纱团扇扑蝴蝶为戏。陈经济悄悄在她身后观看，戏说要替她扑，笑嘻嘻扑近她身边来，搂她亲嘴。

千金小姐，深闺闲妇视扑蝶为戏乐雅事，小家碧玉也喜爱扑蝶游戏。清代扬州有个穷秀才，养有独生女童雪儿。这女儿生来喜欢蝴蝶，最热衷到野外去捉飞绕在花丛中的蝴蝶。在她家门外不远有一片草地，长满了青草，也盛开着野花，花香引来蝴蝶穿花盘旋。童雪儿常常一人跑去捉蝴蝶，轻手轻脚地靠近正停留在花蕊上的蝴蝶，伸出一只纤纤小手，飞快地一捏，就捉住了蝴蝶。她把蝴蝶放在一只纸盒中，带回家后，把自己的小屋门窗关紧，然后打开纸盒，放出里面的十几只蝴蝶，让蝴蝶在小屋里上下翻飞，她自己则坐在群蝶中，尽情欣赏，兴奋不已，有时觉得自己也变成了一只翩翩起舞的彩蝶，随着群蝶一同嬉戏，仿佛与彩蝶合二为一。看够了以后，童雪儿打开窗户，让群蝶重新飞回大自然。

童雪儿伴着蝴蝶一起长大，她捉蝴蝶，看蝴蝶，也画蝴蝶，绣蝴蝶。她曾自画自绣了一幅《秋菊彩蝶图》，并在图上绣了一首诗：

> 无心开尔后，风雨已重阳。
>
> 醒却繁华梦，甘为冷淡妆。
>
> 有心难向日，无骨不凌霜。
>
> 底事翩跹蝶，犹思挹晚香。

诗画写秋日菊花清香引来一群蝴蝶绕花飞舞，透露出一种生机。童雪儿还在自己的裙子的每一道折上绣上一只彩蝶，一共绣了一百只，每一只的色泽和姿态都不尽相同。她穿上这件奇特的"百蝶裙"，走到村里，风吹裙飘，彩蝶翻飞，仿佛一大群蝴蝶争相萦绕着童雪儿起舞，真是妙不可言，村里女子都羡慕得啧啧称美。童雪儿爱蝶如痴，日日与蝶相伴，母亲说她是"蝶痴"，父亲说她是"蝶狂"，还戏称她就是蝴蝶变的。

女子扑蝶嬉戏，也最受历代画家看重，以此入画，真是蝶美人美画亦美。中唐仕女画大家周昉，画史上称其善绘扑蝶，名誉流播。他的传世杰作《簪花仕女图卷》中，描绘庭院假山石前一株盛开的玉兰花，一个贵妇服饰华丽，肩披轻纱，酥胸着花长裙，满头大髻并簪以牡丹花，两眉晕染如蝶翅，站立在花旁，手里捏着一只刚刚扑到的蝴蝶，正在悠闲游戏欣赏，好一副悠闲愉悦的神态。正如宋代苏轼《周昉画美人歌》中所云："深宫美人百不知，饮酒食肉事游戏。"正是《簪花仕女图卷》绝妙写照，周昉笔下贵妇扑蝶亦正是唐代女子扑蝶嬉戏的生动记录。

清代画家陈字绘有《扑蝶仕女图》，费以耕有《扑蝶图》，都是描绘女子扑蝶生活的佳作。改琦《红楼梦人物图册》之二《薛宝钗》，费丹旭《金陵十二钗仕女图》之二《薛宝钗》也都捕捉住薛宝钗扑蝶的镜头入画，为传世名作。女子扑蝶嬉戏还影响着士大夫男子汉们，为效仿女子扑蝶追求一种情趣，一些男子也学起女子模样扑起蝶来，但总没有女子扑蝶那样有情趣有韵味。明代人物画大家陈洪绶也有一幅《扑蝶图》，写的就是长满胡须的男子扑蝶，读来忍俊不禁，却也别有情调。

锦襦深处似春温　怀里金铃响得匀

——消闲娱乐养鸣虫

鸣虫玩赏是中国人老少咸宜的游艺方式，悠长美妙的虫鸣声，为人们的生活注入天籁，也陶冶着人们的情趣，中国人早在一千多年前就已开始享受这种闲趣了。

古人对各种昆虫鸣叫的关注，早在《诗经》、《礼记》里就有大量反映，但是专为听取鸣叫而畜养昆虫的风俗的形成，大约在唐代。据现存文字记载，最先被畜养的是蟋蟀。五代王仁裕《开元天宝遗事》记载：

> 每至秋时，宫中妃妾辈，皆以小金笼捉蟋蟀闭于笼中，置之枕函畔，夜听其声。庶民之家皆效之也。

在寂寞的深宫高墙内，百无聊赖的深宫佳丽捉来蟋蟀，像养鸟雀一样，专门安放在金丝绣笼中喂养，放在孤枕畔，长夜听其鸣叫，以为消遣，打发光阴。唐代诗人白居易《禁中闻蛩》诗中云："西寓独暗坐，满耳新蛩声。"这种玩赏蟋蟀听鸣声的消闲方法，很快传到宫外，民间百姓之家纷纷效仿，以听蟋蟀声为一种享乐，从此玩赏鸣虫在民间流传开来。

唐人同时还开始了养蝉听鸣的先河。夏天听蝉声是非常有趣的，宋代陶毂《清异录》云：

> 唐世京城游手夏月采蝉货之，唱曰："只卖青林乐。"妇妾小儿争买，以笼悬窗户间，亦有验其声长短为胜负者，谓之"仙虫社"。

唐代京城市民想像力真是够丰富的，把蝉声称为"青林乐"，愈见养蝉听鸣是一项情趣高雅的游艺，并且养蝉养出了以鸣声长短进行比赛，还成立了专门的组织"仙虫社"，这个"仙虫社"大概就是中国最早的鸣虫爱好者协会。

就以上今日可见的著述、可资考证的史料，养鸣声娱乐消闲的发明权当归属唐代女子，一经流传开来，形成具有特色的游艺民俗，历经宋元明清，玩赏鸣虫的风气久盛不衰。

宋人畜养玩赏鸣虫，尤喜欢络纬。络纬俗称纺织娘，又名蝈蝈、聒聒儿，属昆虫类、直翅门、螽斯科，雄的前翅有微凸的发声器官能鸣，鸣声特别清脆悦耳，在虫鸣中最宜清听。宋代博学好古的学者罗愿《尔雅翼》中专门记载了宋人畜养络纬的情形：

> 莎鸡振羽作声……其声如纺丝之声，故一名梭鸡，一名络纬，今俗人谓之络丝娘。今小儿夜亦养之听其声，能食瓜苋之属。

明代文学家袁宏道写有《畜促织》，记述京城畜养鸣虫和自己玩赏鸣虫怡情乐性的韵事：

> 京师人至七八月，家家皆养促织。……又有一种，似蚱蜢而身肥大，京师人谓之聒聒，亦捕养之，南人谓之纺线娘，食丝瓜花及瓜瓤，音声与促织相似，而清越过之。……又一种亦微类促织，而韵致悠扬，如金玉中出，温和亮彻，听之令人气平，京师人谓之金钟儿，见暗则鸣，遇明则止。

这位文人韵士对聒聒和金钟儿情有独钟，尤喜其声，他也随俗畜养了二笼，挂在檐间，每当夜深露下，聒聒鸣唱"凄声彻夜，酸楚异常"，使"俗耳为之一清"；而金钟儿的鸣声"韵致悠扬，如金玉中出，温和亮彻，听之令人气平。"真是乐在其中了。

清代，上至皇帝后妃，下至平民百姓，对畜养鸣虫都有极大的兴趣。康熙皇帝每以聆听虫鸣为赏心乐事，曾命清宫内务府奉宸苑在宫中备暖室孵育蟋蟀、蝈蝈等鸣虫，以助宫廷初春时节设宴时博乐，用那连绵起伏不断的唧唧虫声，来增添内廷欢乐喜庆喧闹的气氛。康熙皇帝还欣然御诗赞道："秋深厌聒耳，今得锦囊盛。经腊鸣香阁，逢春接玉笙。"

为了适应举国上下畜养鸣虫的需要，民间出现以捕捉养殖鸣虫出售的专业户。清代顾禄《清嘉录》载：

> 秋深笼养蝈蝈，俗呼为"叫哥哥"，听鸣声以为玩。藏怀中，或饲以丹砂，则过冬不僵。笼刳干葫芦为之，金镶玉盖，雕刻精致。虫自北来，薰风乍拂已千筐百笪集于吴城矣。

顾禄记述的是家乡苏州畜养鸣虫娱乐的盛况，那些来自山东、河北等地的汉子，挑了上千只蝈蝈笼子，一路上"呱呱"地叫个不停，千里迢迢到苏州贩卖。江南水乡的妇女儿童买一小笼蝈蝈，挂在屋檐下，听听鸣声，想来平添了几分田园乐趣。道光年间江南吴江词人郭麐有一首《琐寒窗·咏蝈蝈》，写寒夜秋凉季节合家静听蝈蝈鸣声，极富家庭生活情趣，更像一幅江南风俗画，词云：

> 络纬啼残，凉秋已到，豆棚瓜架。声声慢诉，似诉夜来寒乍。挂筠笼晚风一丝，水天儿女同闲话。算未应，输与金盆蟋蟀，枕函清夜。

> 窗罅。见低亚。簇几叶瓜华，露亭水榭。葫芦样小，若个探怀堪讶。笑虫虫自解呼名，物微不用添尔雅。便蛇医分与丹砂，总露蝉同哑。

清末画家吴友如为《点石斋画报》画了一幅《嘤嘤草虫》，画的就是一个汉子挑来两只大箩筐，内有装着蝈蝈的小笼子，一个妇女正掏钱为小儿买蝈蝈，另一女子则手举蝈蝈笼子在耳畔聆听。这正是清末上海妇女儿童畜养蝈蝈的真实写照。

清代宫中畜养鸣虫风气最盛，从后妃到宫女，无不以听鸣虫为雅兴。这些鸣虫有专人捕捉，贡入皇宫，还用人工孵化方法精心培育出来，使它们在寒冬腊月中尽情鸣叫，为寂寞深宫增添了无限欢乐的情趣。不妨一想，在冰天雪地凛冽呼啸的寒风中，能听到秋虫的轻吟悦耳之声，怎不令人感到愁消？不能不说是一种清寒的安慰和消闲时的享受。

闲散嫔御宫女干的差事大都简单，闲暇很多，十分无聊，畜养鸣虫成了她们的乐事，身在禁宫身不由己，惟有这么一份小小的天地属于自己拥有。她们纷纷在墙阴处种葫芦，矮架疏花，既资清玩，亦可备冬令藏养蝈蝈之用。夏仁虎《清宫词·种葫芦》云：

纤尘不到净铜铺，

承应清闲一事无。

予计冬来藏蝈蝈，

墙阴汲水种葫芦。

当时京师人多以葫芦装放蝈蝈，相当流行，将小葫芦上部去掉，然后又将葫芦四周雕镂花鸟以通气，精细工绝，价有贵至百金者，颇受王公大臣青睐，只要将鸣虫放进去，发出的盈盈鸣叫声是亮、响、脆、宽，非常动人好听。宫女们喜欢在冬天争养蝈蝈，便效仿民间，也用葫芦为笼，笼外饰以锦绣。中午时分，她们将笼拿到太阳底下取暖，蝈蝈在笼中欢快歌唱，嘤嘤争鸣。没有太阳时，她们则将葫芦笼揣入怀中，夜间藏在被中，让蝈蝈在自己怀中或被中取暖过冬。

养蝈蝈一方面使宫女在寂寞深宫中，解除离恨的情绪，那鸣虫在怀中的"唧唧"之鸣，能给她们带来一丝可怜的慰藉。另一方面在伺候皇妃等皇家宫眷后，尤其在漫漫长夜值班中，如果能听到怀中鸣虫轻吟之声，既能迅速消除疲劳瞌睡，又不至于为此贻误大事。

据夏仁虎《清宫词·养蝈蝈》诗注载，有一次，一位宫女承应值夜班，怀中揣着葫芦笼子，第二天清晨，她侍候慈禧太后洗脸时，竟忘了将怀中葫芦笼子取出放好，结果当她尽心服侍时，蝈蝈突然在她怀中大声鸣叫，吓得宫女面如土色，按宫中规矩，惊了慈禧太后，是要受到严刑处罚的。然而出乎意料，慈禧太后听到"唧唧"虫鸣后，不仅没有发火，处罚宫女；还禁不住开怀大笑不止。好在慈禧太后也酷爱畜养蝈蝈，宫女这才逃过一劫。

由于得到慈禧太后的默许，乃至在金秋至寒冬腊月，皇宫内畜养蝈蝈等鸣虫更加逐渐地热闹起来。这对于在森严寂寞的宫闱中，那些过着"天街夜色凉如水"、"斜倚熏笼坐到明"的宫女们来说，无疑是一种"福"音，一种再好不过的恩赐了。夏仁虎有诗记述云：

> 锦襦深处似春温，
> 怀里金铃响得匀。
> 争说曾逢西母笑，
> 朝来跪进洗头盆。

斗场扬威两争雄　高声呼笑消长昼

——闺中取乐斗蟋蟀

蟋蟀，很早就引起古人的注意，早在 2500 多年前孔子删定的《诗经·豳风·七月》中就写道："五月斯螽动股，六月莎鸡振羽，七月在野，八月在宇，九月在户，十月蟋蟀入我床下。"古人已细致观察到蟋蟀的活动规律。晋代陆机写了本很有意趣的小书《毛诗草木鸟兽虫鱼注疏》，书中"蟋蟀在堂"疏注云：

> 蟋蟀似蝗而小，正黑有光泽，如漆，有角翅，一名蛬，一名蜻蛚，楚人谓之王孙，幽州人谓之趋织，督促之言也。里语曰："趋织鸣，懒妇惊"是也。

看来蟋蟀的别名甚多，今日俗称蟋蟀为蛐蛐，其音与促织、趋织相近，从训诂学角度而言，促织、趋织、蛐蛐皆为同音转化而来，其得名，乃缘之于其鸣叫之声，这小小昆虫之所以引起人们的兴趣，起初并非因其好斗，而是由于它那悦耳动听的音乐般的鸣声。

　　早在唐代人们就畜养蟋蟀以听其声。五代王仁裕《开元天宝遗事》云："每至秋时，宫中妃妾辈，皆以小金笼捉蟋蟀，闭于笼中，置之枕函畔，夜听其声。庶民之家皆效之也。"唐代宫中嫔妃宫女喜欢在秋天畜养蟋蟀，用小金笼装着，放在枕边听其鸣叫，以打发漫长无聊的黑夜。她们当时并非为了相斗，只是在玩赏蟋蟀过程中，发现长有两尾的雄性蟋蟀具有好斗的习性，于是率先在宫禁中兴起斗蟋蟀取乐。这种斗蟋蟀的游戏从宫中流传到民间，在京城长安流行开来。宋代陈樵《负暄野录》认为："斗蛩之戏，始于天宝间。长安富人镂象牙为笼而畜之，以万金之资付之一喙。"蛩就是蟋蟀，长安人斗蟋蟀成风可见一斑。

　　宋代斗蟋蟀时风更盛，尤其是南宋，在斗蟋蟀史上堪称著名的时代，都城临安常常有全民性的斗蟋蟀活动。秋天，每当蟋蟀出没之际，在临安城内的官巷南北作市斗蟋蟀便开始了。从早晨起，就有三五十伙市民斗赌，有的蟋蟀能斗赢两三个，便能卖上一两贯钱。所以城外许多居民，专在蟋蟀盛出的秋天，捉蟋蟀入城贩卖。甚至有那些蟋蟀迷死后，还将畜养蟋蟀用具随葬，大概是到了阴间也丢不下斗蟋蟀嗜好。镇江官塘桥罗家头南宋古墓就曾出土过蟋蟀笼多只。当时文坛画场，以蟋蟀为题之作，连篇迭踊，盛况空前，足观一代风尚。《婴戏斗蛩图》就是其中之一。

就在斗蟋蟀的热潮中，出了位有名的"蟋蟀宰相"，这就是南宋末年的权相贾似道。以斗蟋蟀闻名天下的蟋蟀宰相，不以军国为重，襄阳重镇被蒙古军围攻已久，他隐匿不报，又不派兵全力援救，却成天在西湖葛岭半闲堂别墅，与群妾踞地斗蟋蟀嬉戏，其间狎客入见，戏之曰："此军国重事耶？"他听到这样的讥讽，竟然若无其事，一点也不脸红。贾似道作为一代权相，斗蟋蟀误国，落得个千古骂名，然而他作为斗蟋蟀行家，却写出了世界上第一部关于蟋蟀研究的专著《促织经》，堪称中国蟋蟀研究的开创者之一。

明清两代斗蟋蟀之风经久不衰，尤以明宣德年间称盛，出了个酷好斗蟋蟀的皇帝，便是明宣宗朱瞻基。明宣宗算是个有作为的皇帝，又是个了不起的画家，但他酷好斗蟋蟀，曾密诏苏州知府况钟搜集上好的蟋蟀千只进上，岁岁有征，民不堪扰，一敕至府，不知有多少人为进贡蟋蟀而倾家荡产，家破人亡。故有民谣讽刺道："促织瞿瞿叫，宣德皇帝要。"清代蒲松龄还将此事写成《促织》，入木三分地揭示了皇帝征蟋蟀，百姓大受其害的社会黑暗。上有所好，下必效之，宣德年间宫中嫔妃个个喜欢斗蟋蟀之戏，连斗养蟋蟀的盆罐也珍贵起来，成了无价之宝。明代沈德符《敝帚斋余谈》中载："宣德时，最娴蟋蟀戏，因命造蟋蟀盆。今宣窑蟋蟀盆，状其珍重，其价不减宋宣和也。"

民间斗蟋蟀风气也愈演愈烈。袁宏道《畜促织》中所提到的"京师人至七八月，家家皆养促织"，"瓦盆泥罐，遍市皆是。不论老幼男女，皆引斗以为乐"，便是此风大盛的写照，也是明代那种万民斗蟋蟀取乐的风俗画。女子也纷纷加入了斗蟋蟀大军，明代山阴才女商可也是个斗蟋蟀爱好者，她有一首《斗蟋蟀》诗传世，描写斗蟋蟀时高声呼笑的快乐，诗云：

谁教喽啧两争雄，
白帝余威到草虫。

> 可惜旌旗兼壁垒，
>
> 指挥都是小儿童。

清代，斗养蟋蟀又达到了一个前所未有的高潮。当时的王公贵族们都是嗜斗蟋蟀的能手。每年初秋季节是斗蟋蟀的黄金季节，而官方织造府又专门负责此事，牵头在京城架设宽大棚场，开局斗蟋蟀，致使京城几成赌城。斗蟋蟀在古代原是一件消闲雅事，是民间的一种观赏性的娱乐活动，故古人把养菊花与斗蟋蟀二事称为"雅戏"。但后来斗蟋蟀逐渐与赌博相结合，渗进了金钱的因素，并走进了上层贵族社会的圈子，成为统治者们豪赌玩乐，纵情享乐的生活方式之一，遂使原先以消闲娱乐为主的游戏改变了性质。官府出面组织开局斗蟋蟀赌博，也实在够荒唐的了，目的是借此敛财而已。

在民间也设有斗场，专门组织会斗从中抽头，清代苏州斗蟋蟀也是风靡一时，孙珮《苏州制造局志》形容得有声有色：

> 吴俗每岁交秋，聚斗蟋蟀。
>
> 光棍串同局役，择旷僻之所，
>
> 搭厂排台，纠众合斗，名曰

"秋兴"。无赖之徒及无知子弟，各怀银钱赌赛，设柜抽头。邻省别属，罔不辐辏，每日不下数千人，喧声震动间闬。

如此盛大热闹的斗蟋蟀大会，成为清代最为典型嬉闹的一幕活剧，苏州似乎成了斗蟋蟀的"天堂"了。具体怎么斗蟋蟀赌博，苏州人顾禄《清嘉录》记述得最为详细：

> 大小相若，铢两适均，然后开册。斗时有执草引敌者，曰莛草。两造认色，或红或绿，曰标头。台下观者即以台上之胜负为输赢，谓之贴标。斗分筹码，谓之花。花，假名也，以制钱一百二十文为一花，一花至百花、千花不等，凭两家议定，胜者得彩，不胜者输金，无词费也。

按照顾禄所记，一花为一百二十文制钱，按当时钱价折算，便是一百二十两银子。这在当时不是个小数目，可见虫儿虽小，赌注却是相当大的了。所以当时因斗蟋蟀倾家荡产者亦大有人在，从中可看出斗蟋蟀作为赌博活动的残酷性。

　　社会上的轰轰烈烈斗蟋蟀之风，必然也影响着皇宫庭院。清代宫中宫女们养斗蟋蟀无非是嬉戏娱乐。她们最喜欢斗蟋蟀游戏，称之为"斗秋虫"，以宣德御制盆为最贵，而蟋蟀则多采于易州西陵等处，种类多达百余种，其中以梅花方翅为上品。宫女们闲暇时便聚在一起斗秋虫。无名氏《清宫词·养蟋蟀》记述此事云：

> 宣窑厂盒饯金红，
> 方翅梅花选配工。
> 每值御门归晚殿，
> 便邀女伴斗秋虫。

　　宫女们还常与皇上斗秋虫，经常获胜，所以有一年，绣岭哲文定公在密云副都统任所捉了两只善斗的健虫，进呈皇上，正话反说道："臣听人说长春园的藤架下养了很多这样的草虫，主子与宫人斗时，常斗败，故臣竭力搜寻，仰仗洪福，捉此二健虫，专此进呈。臣不忍看着主子以万乘之尊，因斗小虫败北而为宫人所窃笑。"皇上听出了话外之音，立即下令让人将长春园藤架下畜养的蟋蟀全部放回园中。从这里也可以看到，宫女们的蟋蟀是从易州西陵采来的，比宫中人工繁殖的蟋蟀善斗，难怪皇帝常常斗蟋蟀败北。

一旦宫中斗蟋蟀成为一种赌博方式，为了在赌博中成为赢家，因此在蟋蟀的选择、畜养上便非常下功夫。宫廷权贵不惜以上千两银子从市上购得色青背宽，腿长而善斗的蟋蟀，然后以重金雇调养蟋蟀的能手进行调养。每当重阳时节，宫中斗蟋蟀的热潮便开始了。光绪朝在庚子年以前，每当九月份慈禧太后要离开紫禁城住进颐和园。重阳节这天，慈禧太后在园中先品赏菊花，然后她被人抬到万寿山之巅，一览湖光山色。这时，太监们把雄健善斗的蟋蟀呈进慈禧太后。慈禧太后看了以后，一一赐以嘉名，然后，便召王公、福晋及太监开盆为戏。

在慈禧太后之前，宫中斗蟋蟀个头相差悬殊就不能同入一盆角斗，只有个头相同的蟋蟀方能同盆开斗。同时还规定，斗蟋蟀的输赢不能用金钱计算，而是以实物代用品，一般都是在各自的蟋蟀上标明，以点心果品多少斤为输赢的代价，斗蟋蟀还重在游乐。然而，慈禧太后则打破这些老传统，开盆角斗时，则以银子作为输赢的标准，往往下注以百两银子为起点，时常一局赌了下来，输赢能达万两银子之多。

慈禧太后把斗蟋蟀变成了豪赌，天天开设赌局斗蟋蟀，从九月一直要斗到十月慈禧太后离开颐和园回宫才罢休。慈禧太后年年要通过从重阳节开始的蟋蟀之赌，大捞一笔银两，她把斗蟋蟀变成了特殊的生财之道，这种斗蟋蟀早就变了味。

朱唇啜破绿云时　咽入香喉爽红玉

——闲情意趣品香茗

　　中国是茶的发祥地，是茶的故乡，中国人不仅最早发现茶，而且最早饮用茶。古人常说"早晨开门七件事，柴米油盐酱醋茶。"中国人的日常生活与茶须臾不离，自古至今，上至帝王将相，骚人墨客，高僧老道，下迄市民商贾，贩夫走卒，村姑桑女，无不饮茶品茗，茶成了全社会人人一日不可无的饮品。"宁可三日无食，不可一日无茶。"茶，实在是地地道道的"国饮"。

　　从远古"神农氏尝百草，日遇七十二毒，得茶而解之"起，中国人就开始发现和利用茶，逐渐从茶的药用转化到茶的饮用。饮茶风尚的真正盛行，当推溯到唐代。唐人杨华《膳夫经手录》中说，在唐玄宗开元、天宝年间，饮茶之风就开始在全国蔓滋；到唐代宗广德、大历年间，饮茶风气更加普遍；至唐德宗建中之际，饮茶风尚达到了盛况空前的地步。唐人封演在《封氏闻见记》中生动形象地描绘了开元以来茶风的普及盛行：

> 自邹、齐、沧、棣，渐至
> 京邑城市，多开店铺，煎茶卖
> 之，不问道俗，投钱取饮。其
> 茶自江淮而来，舟车相继，所
> 在山积，色额甚多。

真是如痴如狂，如火如荼。封演对
此还进一步描述评说道："古人亦饮茶
耳，但不如今人之溺之甚，穷日尽夜，
殆成风俗。始自中地，流于塞外。"当
时，除了四川和江南产茶地区茶风日盛
外，黄河中下游的北方广大地区也盛行
饮茶。大凡交通沿线随处都有茶铺，不
问道俗，投钱可饮，非常方便。江淮各
地出产的品种繁多的茶叶源源不断地北
运，舟车相继，堆积如山。从京师州郡
到偏乡僻壤，从内廷官府到寺观田家，
王公朝士、平民百姓无不饮茶，穷日尽
夜，殆成风俗。茶进入了人们日常生活，
上升到了与人类生存不可缺少的米盐同
等重要的地步。时人李钰便有"茶为良
物，无异米盐。人之所资，远近同俗"。
杨华则说得更加绝对："累日不食犹得，
不得一日无茶也。"

唐代闺阁中女子也热衷于品茶，崔

珏《美人尝茶行》咏美人春睡饮茶，云：

云鬟枕落困春泥，
玉郎为碾瑟瑟尘。
闲教鹦鹉啄窗响，
和娇扶起浓睡人。
银瓶贮泉水一掬，
松雨声来乳花熟。
朱唇啜破绿云时，
咽入香喉爽红玉。
明眸渐开横秋水，
手拨丝篁醉心起。
台前却坐推金筝，
不语思量梦中事。

美人睡醒，和娇扶起，玉郎银瓶贮泉，碾茶烹煮；美人朱唇啜茗，咽入香喉，明眸亮睁，脉脉含情，乘兴手拨丝篁，好一幅美人品茶图。崔珏描写的是美人饮茶，美人的情态，美人的心态，玉郎倒成了碾茶、捧茶人，颇有点女尊男卑的意味。唐代《宫乐图》画的就是宫女弹乐品茗。

传为唐代曹邺所作的《梅妃传》记述了梅妃江采蘋与唐玄宗斗茶游戏。梅妃是福建莆田人，开元中入选进宫，大受宠幸。她喜欢梅花，所居之处遍植梅树，每当梅花盛开时，赏花恋花，流连忘返，唐玄宗以其所好，戏名曰"梅妃"。一次梅妃与唐玄宗斗茶，旗开得胜，唐玄宗对左右观战的诸王戏道："此梅精也。吹白玉笛，作《惊鸿舞》，一座光辉。斗茶今又胜我矣。"梅妃应声说道："草木之戏，误胜陛下。如果谈起治理国家，陛下自有章法，贱妾何能较胜负也。"一句话说得唐玄宗龙颜大悦。

怎么个斗茶法，《梅妃传》没有记述。斗茶始于唐代出产贡茶的茶乡，是新茶制成后，茶农评比新茶品序的一项比赛活动，具有比技巧、斗输赢的特点，极富趣味性。白居易有诗云"青娥递舞应争妙，紫笋齐尝各斗新。"这是描述贡茶之乡常州、湖州的联合茶宴上举行斗茶的场面。不妨设想，梅妃生长在福建茶乡，对斗茶自然十分娴熟，每次与唐玄宗斗茶，能不取胜吗？

斗茶从茶乡传播开来，久而久之，风靡全国，成为上至帝王将相、下迄农民挑夫的一项游艺活动，斗茶原本的农事性质也变成了文娱性质。斗茶时，参加者各携精品茶叶，以轮流品尝或展示茶道技艺的方式，评定优劣，决出名次，犹如民间斗蟋蟀，只不过清茶数盏，且无大吵大闹、吆三喝四，场面要文雅许多。茶农斗茶主要为切磋采制技艺，文人韵士斗茶则注重品饮，正是斗茶能为生活增添闲情的雅趣。

到了北宋年间，斗茶风气大盛，从帝王将相、达官显贵、骚人墨客，到市井佃民、浮浪公子，无不以斗茶为能事。诗人晁冲之说当时"争新斗试夸击拂，风俗移人可深痛"，尽管他深表痛心疾首，却也是欲罢不能，"老夫病渴手自煎，嗜好悠悠亦从众"，免不了随波逐流，斗上一番。

宋代范仲淹《和章泯从事斗茶歌》，是当时斗茶活动全面形象的写照。诗的开头写茶的采摘和制作，然后研膏焙乳制成茶饼，便将展开斗茶。"北苑将期献天子，林下雄豪先斗美"，诗中描述了斗茶使用的种种工具以及煎茶用的泉水，有铜鼎、水瓶、黄金碾、碧玉瓯，还有中泠泉水，"斗茶味兮轻醍醐，斗茶香兮薄兰芷"，这样才可能取得斗茶的胜利。胜了的，好像一步登天，飘飘然，似乎不可高攀；输了的，垂头丧气，像个战场上的降将，感到无穷的耻辱。殷伟

《中国茶史演义》中"范仲淹妙吟斗茶歌"对宋代的斗茶作有详细论述,南宋大画家刘松年、元初大画家赵孟頫均有《斗茶图》,生动地展现了市中卖茶人斗茶情形。

北宋著名书法家蔡襄,与苏轼、黄庭坚、米芾并称"宋四家",他更是茶史上大名鼎鼎的茶学专家,既是北宋贡茶小龙团的创始人,又写有许多茶书法、茶诗歌,还精于品赏识辨茶叶,更是北宋斗茶高手,但他在一次斗茶中,却败给了一名官妓。足见民间斗茶妙手大有人在。时人赵令畴《侯鲭录》载,杭州官妓周韶十分酷好品茶,贮藏了很多品种的奇茗名茶,茶艺也极高。蔡襄斗茶享有盛名,和她斗茶较量,题品风味,居然斗输了,于是周韶声望大盛。周韶请求当时的杭州太守陈襄准许她落籍回家从良,陈襄欣然同意,众姐妹同赋诗庆贺相送,一时传为佳话。

北宋末年女才子李清照留有品茗啜饮的韵事。她在《金石录后序》中记述了当年和丈夫赵明诚一起品茶作押、铺叙典故的美好往事。李清照对自己的博闻强记十分自信,便忽发奇想,考考丈夫经史典故，赢者便可先饮茶一杯，输者则后饮茶。两人每次吃完饭，坐在归来堂上烹茶，一人指着成堆的史书，要对方说出某一典故出自哪本书的第几卷第几页第几行，以猜中与否决定胜负，这常常是李清照获胜。有一次，李清照猜中后，举杯大笑，结果得意忘形，乐极杯翻，一杯香茶倾覆在怀中，不但没有品上一口头道茶，反而弄湿了一身衣裙。这是一幅多么生动有趣的闺中行乐图啊！伉俪和谐鱼水融洽的情景令人羡慕。这种高雅怡乐、妙趣横生的猜典饮茶的夫妻生活，使李清照不由从内心发出"甘心情愿在这种生活环境中过上一辈子"的祈祷。

猜述典故以决胜负举杯品茗，气氛欢悦，兴致淋漓，雅趣相投，悠闲自得，真可谓"被酒莫妨春睡重，睹书消得泼茶香。"李清照和赵明诚这桩斗茗趣事成了中国茶史上千古流传的风流佳话，这把读书和品茗结合得最为兴味盎然，最为富有乐趣。

品茗是一门艺术，唐人白居易就用"满瓯似乳堪持玩"的艺术态度来品饮。宋代的士大夫文人进一步追求生活的闲适化和雅致化，视品茗为一种闲情逸致和高雅的艺术享受。明清时人们把茶看作是世间的清高之物，品茗远在饮酒之上，更加讲究要饮出一种闲暇的情趣，饮出一份自乐自在的心境，真正的品茗是一种艺术的享受，在品尝和玩味茶的色、香、味的同时，得到精神上的愉悦。深谙茶道的雅士是这样品茗，而具有闲情逸致的女子也是很认真的将品茗作为清雅之事，以为俗人是无法体味其清致雅趣的。明末才色擅一时的董小宛就是这样一个善于品茗的女子。

《红楼梦》第四十一回写栊翠庵品茶，则充分体现了清代女子品茗求趣的雅韵。贾宝玉、林黛玉、薛宝钗等人，随同贾母来到贾府的家庙栊翠庵，庵中修行的女尼妙玉亲自捧了一个海棠花式雕漆填金"云龙献寿"的小茶盘，里面放一个成窑五彩小盖盅，捧与贾母。贾母说："我不吃六安茶。"妙玉笑道："知道。这是老君眉。"贾母接了又问："是什么水？"妙玉说："是隔年积的雨水。"贾母品尝了半盏，递给刘姥姥尝尝。刘姥姥便一口饮尽，还说"好是好，就是淡些。"

妙玉又特意在耳房瀹茶招待宝玉、黛玉、宝钗。妙玉亲自向风炉上扇滚了水，另泡了一壶茶，又拿出两只杯来，一只瓟瓟斝，系晋代王恺所制，宋代苏轼鉴赏的古董，另一只是点犀盉，乃犀牛角制成的高级饮器，分别为黛玉、宝钗沏上茶，又把自己日常饮茶用的绿玉斗斟茶给宝玉。瀹茶的水更是上品，乃妙玉五年前在玄墓蟠香寺收的梅花上的雪，统共得了花瓮一瓮，总舍不得吃，埋在地下，今年夏天才开了，只吃过一回，所以清淳无比。品茗闲谈，妙玉还说到了品茗的情趣："一杯为品，二杯即是解渴的蠢物，三杯便是饮驴了。"

由此可以看出清代女子品茶重在一个"品"字，要求非常严格，要配以古朴典雅的茶器，上等的雪水，其中特别重要的一条是茶客要有涵养风韵，要有慢慢品啜的工夫，数量上以一杯为准，千万不可像刘姥姥"一口吃尽"。妙玉品茶注重的是鉴赏功夫，心灵的静化，优游的清兴。至于像慈禧太后品茶既奢侈又太端架子了，反倒失去了"品"的神韵。

梳妆画眉前后照　娇脸粉腮相映辉

——闲暇爱美习修容

古人所说的修容，相当于今天的化妆美容，这是一门需要闲暇、需要情趣的艺术。女子梳妆画眉照镜子，宣泄着爱美的欲望，这种爱美追求美的本性，使女子乐于精心装扮自身，自古以来就是女性生活的重要内容。晚唐词人温庭筠《菩萨蛮》描述女子晨起梳妆画眉，真是入木三分：

小山重叠金明灭，鬓云欲度香腮雪；懒起画蛾眉，弄妆梳洗迟。

照花前后镜，花面交相映；新贴绣罗襦，双双金鹧鸪。

当清晨的阳光照得屏风上金光闪烁的时候，佳人梦中醒来，青丝委枕如云，掩着香腮如雪。美人迟迟起床后，梳洗画眉，意态慵懒。云鬓间插戴鲜花，用两面铜镜前后照着，娇脸与鲜花交相辉映。这是一幅美不胜收的美人梳妆图。

修容的艺术起源十分久远。旧题唐代宇文氏撰著的《妆台记》，主要考证和记述女子美容修饰发展演变的历史。他说女子的首饰是虞舜发明的，当时的钗子用牙骨或玳瑁制作。周文王在女子的发髻上翠翘花，高高的发髻叫作"凤髻"。又有像云朵的发髻，走路时步步摇动，故叫作"步摇"。仅以发髻来说，有秦始皇时的神仙髻、迎春髻、垂云髻，汉代的飞仙髻、九环髻、同心髻，魏晋时的反绾髻、百花髻、芙蓉髻，南朝的随云髻，隋朝的九真髻、八鬟髻、飞荷髻、坐愁髻……林林总总，纷繁缭绕。眉也同样如此，从先秦时代女子黛眉开始，有八字眉、青黛眉、连头眉、翠眉、愁眉、长眉、远山眉、开元御爱眉、小山眉、五岳眉、三峰眉、垂珠眉、月棱眉、拂云眉、横烟眉……眉型之多，数不胜数。千百年来，女子在梳髻、画眉、点唇、面妆上乐此不疲地下功夫，把自己和生活装扮得更美。

女子修容多有很有意味的传说。说到面妆，不能不说"晓霞妆"。元人伊世珍《琅嬛记》载，民间女子薛夜来初进魏宫，一天晚上，魏文帝在灯下吟咏，障以七尺水晶屏风。薛夜来行至没有看见，不小心碰在水晶屏风上，鬓颊碰伤，飞起红霞，好似晓霞将散。魏文帝看了觉得她更加娇艳妩媚，由于魏文帝的欣赏，后宫嫔妃竞相用胭脂仿画，美其名曰"晓霞妆"，风靡一时。

女子靥饰，相传始于东吴孙和的爱妃邓夫人。晋人王嘉《拾遗记》载，孙和十分庞爱邓夫人，经常抱着她坐在膝上。一天晚上，孙和在月光下醉舞水晶如意，误伤了邓夫人的脸颊，顿时血流不止。御医看后说，光是止血很容易，若要不留疤痕，必须用白獭髓与玉屑、琥珀调和成膏，天天涂抹，疤痕可灭。孙和遵照医嘱，让人按方配药，不料琥珀放得多了点，结果邓夫人伤好后，却在脸颊上留下了一个赤红色斑点，孙和却认为这反给邓夫人更增添了一份俏丽。于是，后宫嫔妃争相效仿，用脂点颊，以增美妍，遂成风俗。唐宋时靥饰之风十分盛行，唐诗宋词中屡屡写道："浅笑含双靥"，"翠靥眉心小"，"杏靥夭斜"，"小唇秀靥"，均是实录。

古代女子尤喜贴花子作面饰，贴花子这种修饰面部的化妆方法，是始自南朝刘宋时期寿阳公主脸上落梅花。寿阳公主是宋武帝刘裕的女儿，天真烂漫，光彩照人。有一年农历正月初七人日这天，寿阳公主与宫女们嬉戏，躺卧在含章殿檐下小憩，其时腊梅盛开，花香袭人，一阵微风吹来，将梅花吹得片片飞舞，落在寿阳公主的额头上，额头经梅花渍染，留下五彩花瓣斑痕，拂之不去，使寿阳公主更加娇柔妩媚。从此以后，寿阳公主常取梅花贴面，那些宫女见了，莫不啧啧称羡，也一个个仿效起来，人们称其为"梅花妆"。梅花因偶然的机会，邂逅寿阳公主，由此生出了女儿美容的靓妆，受到女子的青睐。另有一说女子用花子作为面饰，是起自唐中宗宫女上官婉儿，她在脸上贴花子，是用来掩盖脸上的罪犯家属的刺痕。虽挺实用，但比不上寿阳公主落梅花有意味。贴花面饰一直十分流行，宋太宗淳化年间，京城女子竞相剪黑光纸围团靥，来作为面饰；又有用鱼鳃骨串成小串，称作"鱼媚子"，以为修饰面容。宋代女子还崇尚额间涂黄，宋人彭汝砺有诗云："有女夭夭称细娘，真珠络髻面涂黄。"

依上述传说，似乎晓霞妆、靥饰、贴花子好像都是从三国以后才有的，其实不然。以朱饰面，先秦有之，楚人宋玉赞其东邻女子之美,有名句"著粉太白,施朱太赤"。显然战国时期已有用红色染料化妆的习尚,虽无晓霞妆之名,早有晓霞妆之实,其始不待薛夜来伤面。同样靥饰、贴花子,也不自东吴邓夫人、刘宋寿阳公主始。东汉刘熙《释名·释首饰》中早有记载,古时天子诸侯妃妾甚多,依次进御,接受"宠幸"。如果来了月经,不能接受"宠幸",自己又难以启齿,对方胡来又怕犯晦气,于是有人想出个好办法,即在脸上点上丹点,作为鲜明的标志,负责挑选女子的女官见了,则不再书其名以进幸了。女子以丹点面,其名曰"的",今皆以"的"代之,且约定俗成了。王粲《神女赋》中"施玄的,结羽钗",即谓此也。这种以丹点面,能使女性美增添许多魅力。

从古至今,女子面部化妆最紧要的部位就是眉与唇,而眉尤甚之。先秦时代,女子就以螺子黛画眉,画的眉毛是青绿色,呼为"翠眉"。《事物纪原》称"秦始皇宫中悉红妆翠眉,此妇人画眉之始也。"汉代宫女们特别崇尚翠眉。汉代女子眉型,已有多种,其中有一种长眉很是好看,西汉司马相如《上林赋》中云："长眉连娟，微睇绵藐。"长眉就是把眉画得很纤长，到三国魏时，宫女们都喜欢画长眉。古代女子中画长眉最为出名的当推隋代宫妃吴绛仙。

隋炀帝游江都时，乘坐龙舟，强征民间十五六岁少女拉纤，称为"殿脚女"。一天，隋炀帝发现殿脚女中有一个十分艳美妩媚的女子，她就是吴绛仙。隋炀帝便将她纳入宫中，封为"崆峒夫人"，宠爱有加。吴绛仙很会美容，擅长画长蛾眉，如远山含黛，妩媚多情。宫女们见吴绛仙受宠，争相仿效画长眉。隋炀帝还专门从波斯买来螺子黛，每颗价值十金，特供吴绛仙画长眉。一时间，吴绛仙因画修长蛾眉，而在宫中独领风骚，隋炀帝欣赏着吴绛仙的长眉，感慨万千地说："古人说秀色可餐，这话对吴绛仙来说果真不假。"

唐代百眉齐放，对长眉又有发展，描成细长秀美的柳叶形眉，称为"柳叶眉"，或"柳眉"，李商隐《和人题真娘墓》诗中云："柳眉空吐笑蓼叶，榆荚不飞买笑钱。"韦庄《女冠子》中亦有"依旧桃花面，频低柳叶眉。"明代女子沈宜修《续艳体连珠》说得好，细长的眉毛配以美丽的双眼，体现出女子娇态的魅力。所以历代女子对眉尤为精心修饰，唐人朱庆馀《近试上张水部》写新娘入夫家，首要的事是画眉：

> 洞房昨夜停红烛，
> 待晓堂前拜舅姑。
> 妆罢低声问夫婿，
> 画眉深浅入时无？

虽然这首诗是写下属见上司的心理，但却来自女子的画眉，真是妙笔生花，画眉在唐代女子生活中无疑是件要事。

唇的美化也是非常重要，如果眉能传递媚态，那么唇则表现出性感。唐代末年女子竞事点唇，其点唇工细，花样甚多，琳琅满目，有胭脂晕品、石榴娇、大红春、小红春、嫩吴香、半边娇、万金红、圣檀心、露珠儿、内家圆、天宫巧、恰儿殷、淡红心、猩猩晕、小朱龙、格双唐、眉花奴等等。一般唇饰与面部粉饰往往呈现同一类风格，如红粉妆用红唇。唐代贞元、元和之际，受胡人影响，女子出现尚赭风俗，故出檀色唇饰，名为点檀唇。《敦煌曲子词·柳青娘》中"故着胭脂轻轻染，淡施檀色注歌唇"的词句，就反映了这种风尚。但也有男人不喜欢，白居易在《时世妆》中将此贬为"乌膏注唇唇似泥"。他推崇的是点樱桃唇。檀是浅红色，而樱桃即鲜红色，点樱桃唇也就是点唇不尚浅红，而尚鲜红，白居易有诗赞其女伎曰："樱桃樊素口，杨柳小蛮腰。"樊素为歌伎，白居易故赞其口小巧圆润若樱桃之形，艳艳动人若樱桃之色。或许从白居易作始，后世文人韵士凡描写女子的美貌，就说："樱桃小口"。元人萨都刺就有"如花人，樱桃唇"之句。

点绛唇就是用紫红色点唇，在南朝时就已流行。南朝梁人江淹《美人春游诗》云："白雪凝琼貌，明珠点绛唇"。诗句形容春游美女，肌肤若白雪美玉，明亮的大眼睛与紫红色的香唇相映衬，格外妩媚动人。后世的词牌名《点绛唇》由此出典，与女子点唇有关，历代多有佳作，但内容已与女子点唇没有关系了。

俗话说："三分人才，七分妆饰。"对于女子修容的重要，以及如何修容，清人李渔恐怕最有研究，他在《闲情偶记·声容部》详加论述，见解之精深令人叹为观止，今日爱美的女子，不妨取来读一读，理解修容艺术的精髓，把自己打扮得更加靓丽些。

花前玉女来相问　赌得青龙许赎无

——赏心乐事玩投壶

投壶是中国古代宴饮聚会时的一种带有比赛性质的趣味游戏，盛行于春秋战国至两汉时期，后来逐渐发展衍变为文人雅士的游宴活动。每次宴饮时，主人备好精美的长形细口壶和一捆投壶的箭。投壶游戏时，主人站在一边，宾客依次手拿着箭，站在一定的距离，以壶口象征为箭靶，将箭往壶口中投掷，投入壶口者获胜，投不中者罚饮酒。投壶一次接一次地进行，即便嗜酒如命的酒徒也挡不住一次一次的罚饮，任何有身份的人都不愿当众出乖露丑，都想在投壶中争胜。

投壶这一游戏在中国历史悠久。《礼记》曾有一篇专讲投壶之礼，详细记载了古时的投壶游戏。《礼记·投壶》云："投壶之礼，主人奉矢，司射丰中，使人执壶。主人请曰：'某有枉矢哨壶，请以乐宾。'"这是说投壶是一种古礼，是古代待宾娱宾的一种方式，主人捧着一束箭，恭候在一旁，指定一个裁判捧着木雕的盛器"中",然后请宾客依次持箭投壶。开始投壶时,主人还要恭词相请,说家中备有"枉矢哨壶",借以娱乐。"枉矢哨壶"是一种谦辞,指粗鄙简陋的壶和箭,实际上,主人备办的壶和箭都是非常精美的。

投壶时还有很多讲究,乐队要齐奏古曲《狸首》,一般要演奏五遍,第一遍是序曲,待第二遍曲终,鼓声响起,才开始投箭,到第五遍,乐曲和鼓声都要停止,每人手里的四只箭要全部投完,此为一局,胜方要罚输方饮酒。投壶是从西周时施行"礼射"、"宾射"、"燕射"、"乡射"而衍变成为新的酬宾娱乐项目,所以投壶前、投壶时宾主之间有一套繁琐的礼节。为此投壶的壶和箭都有严格规定,壶颈长七寸,腹长五寸,口径二寸半,壶中装满小豆,以防止箭反弹出来。箭一般以柘枝或去皮的棘条制成,箭长有二尺、二尺八寸、三尺六寸,分别在室内、堂上、庭中使用,并有一系列计算胜负的游戏规则。

春秋战国时这种游戏已经风行,成为上层贵族社交中　种酬宾娱乐活动。《左传》昭公二十五年(公元前 530 年)

载："晋侯以齐侯宴，中行穆子相，投壶，晋侯先。"当时各诸侯君王经常与夫人等男女杂坐，轮番投壶以为娱乐。汉初，投壶游戏有了新的发展，据晋代葛洪《西京杂记》载，汉武帝时宫中流行投壶，出了一个无与匹敌的投壶高手郭舍人。他比所有的投壶者都技高一筹，儒家旧制投壶方法，投壶只求投中，为了使箭不致反弹出来，壶中都装了小豆。郭舍人则与众不同，不用柘枝或棘木作箭，改用竹为箭，他不仅能准确地投箭入壶，还能让竹箭入壶中再反弹回到手中，接着又投入壶中，如此反复循环，一箭可反复投百余次，百投百中，百投百返，没有一次落空。汉武帝对郭舍人的高超技艺大为赞赏，总是赏赐给他金银丝帛。

在河南南阳沙岗店出土汉墓画像石中，有汉代的投壶游戏图，图正中刻一壶，壶中已中二箭，壶左放一酒樽，内有一勺，壶左右各有一人，怀中各抱二箭，手拿一箭，全神贯注，准备向壶内再投掷。右边一人似为司射（裁判），左边一人高大的身体前倾，头微低垂，身后有一侍从搀扶，似为投壶的输者，喝得酩酊大醉。由此可见这种游戏在当时已经普遍流行。

三国时投壶行家邯郸淳见魏文帝曹丕是个投壶迷，便投其所好，写了一篇千余言的《投壶赋》，描述了新旧两种投壶的方法，上献魏文帝，获得了一千匹帛的赏赐，真是一字一匹帛，算得上最高的稿费了。魏晋南北朝时，大约晋代初年，壶开始有耳，耳孔小于壶口，又增加了投箭入孔的难度。由于壶器的不断变化，投壶的难度和技巧也随之增高，但也出现了一个个超越前代的投壶高手，会稽人贺徽能在壶前设障，隔障投壶，百发百中；丹阳县官王胡之能闭上眼睛将箭投入壶中。其实在晋代，就有女子能像贺徽一样隔障投壶，据《古今图书集成·博物汇编·艺术典·投壶部》记载，晋初大富豪石崇家中蓄养身怀各种技艺的伎女千余人，其中有一个家伎称得上是一代投壶高手，她能隔着屏风投壶，每投一箭，十拿九稳，神乎其技，堪称一绝。石崇在洛阳东郊金谷园经常大摆宴席，这位家伎的投壶表演成了必备的娱乐节目。贺徽和王胡之虽说是投壶高手，但与这家伎相比，也是小巫见大巫了。

投壶从西周时反映等级制度的"射礼",至先秦时期衍为士大夫的投壶,而在儒家提倡投壶后,渐渐地被文人雅士所占有,最后发展成为几乎社会各阶层都喜欢的一种具有普遍性的游戏。

作为儒雅娱乐游戏的投壶一直在中国宫廷中盛行,养尊处优的帝王、后妃们对投壶极有雅兴,即便不是宴饮聚会,闲暇无事的嫔妃宫女也经常投壶自娱,消磨光阴。当然,更多的时候帝王、后妃们只是坐在龙凤宝座上,品着美酒,欣赏窈窕宫女和侍从的投壶,尤其以宫女代为投壶助兴的情况居多。李白有诗句描写宫女投壶云:"帝前投壶多玉女,三峙三笑开电光。"据《神异经》载,玉女与东王公投壶,东王公为之笑,开口流光,今电光是也。故李白用此典入诗。玉女当是见诸记载的最早的投壶女子。汉乐府中有一首投壶古歌,流传甚广,宫女们闲暇时会即兴吟唱:

上金殿,著玉尊。延贵客,入金门。东厨具肴膳,椎牛烹猪羊。主人前进酒,弹瑟为清商。投壶对弹棋,博弈并复行。

在古代众多的游戏中，投壶在当时最普遍最为人欢迎，在宫廷游戏中名列首位，宫女们更是乐此不疲。南北朝时流行一首女子吟唱的投壶歌："夜相思，投壶不停箭，忆欢作娇时。"这是思妇月夜思郎情难遏制，只好投壶来排遣时光。看出投壶已成为民间女子喜欢的游戏方式。中国的文人墨客也多有描写投壶的诗篇，唐代曹唐《小游仙诗》九十八首中有两首吟咏宫中女子投壶，一云：

形阁钟鸣碧鹭飞，
皇君催熨紫霞衣。
丹房玉女心慵甚，
贪看投壶不肯归。

另一首云：

北斗西风吹白榆，
穆公相笑夜投壶。
花前玉女来相问，
赌得青龙许赎无。

一写宫女们投壶游戏消遣，皇上旨传要龙袍，熨衣的宫女正看在兴头上迟迟不肯归去。另一写宫女看见皇上投壶嬉戏，竟然上前来说，我如果投壶赌赢了能放我出宫吗？看来这是一位投壶高手。

后蜀宫中也盛行投壶，皇帝和宫妃投壶游戏，可谓醉生梦死，乐不思治。宫妃们觉得樗蒲这种游戏不够热闹，纷纷改学投壶游戏，个个都练得身怀绝技，敢大言对皇帝称自己是投壶妙手。后蜀主孟昶的贵妃花蕊夫人就有《宫词》写道：

> 樗蒲冷淡学投壶，
> 箭倚腰身约画图。
> 尽对君王称妙手，
> 一人来射一人输。

在后蜀宫中宫女们玩得游戏最多的就是投壶，以投壶消磨时光，寻点开心，这在花蕊夫人《宫词》中常有反映："分朋闲坐赌樱桃，收却投壶玉腕劳。"投壶游戏赌樱桃，寂寞后宫生活添得几分乐趣。

明代，投壶一方面作为宴饮聚会时的趣味游戏，为文人雅士所喜爱，明代丘浚有一首著名的《投壶诗》描写了当时宴饮聚会时投壶游戏，诗云：

> 玳瑁筵开宴玉楼，
> 哨壶枉矢请相投。
> 力期一中端倪巧，
> 语重三辞礼数优。
> 罚盏饮来分胜负，

　　倚竿正处迷赓酬。

　　山翁不管淹淹醉，

　　只倚银瓶漫数筹。

　　当时的投壶器具更加精美豪华，壶都是银制的。另一方面投壶成为妓女所必备的娱客技艺。《金瓶梅》中清河县二条巷丽春院的妓女李桂姐不仅善弹琵琶会唱曲，而且擅长投壶、双陆和踢球。第十九回写道，西门庆来到李桂姐家，邀了应伯爵、谢希安来打双陆，李桂姐和姐姐李桂卿姐妹两个陪侍劝酒，玩了一会儿，李桂姐邀大伙到院子里投壶玩耍。这李桂姐是投壶好手，以此取悦西门庆。

　　清代，投壶又成了民间百戏伎艺之一，除了游戏之外，还有表演观赏成分。李调元将当时在民间广泛流行的各色伎艺，各成一诗，共百首绝句，名为《弄谱百咏》，其中《投壶》云：

　　枉矢哨壶礼所传，

　　只今空作伎家专。

　　百枭百中终无益，

　　柏棘何如杨叶穿。

这是清代投壶游戏的写实，从画家传世作品中，也可看到当时女子投壶一斑，闵贞《投壶图》就是写女子花样投壶的佳作，图中女子右手轻扬，左手腕托箭，侧身回首，注视地上银瓶，女子投壶的姿态极其生动矫健。李汝珍《镜花缘》第七十四回写林婉如、邹婉春等八个女子在桂花厅投壶，林婉如投壶姿态是"朝天一炷香"，邹婉春是"苏秦背剑"，米兰芬是"姜太公钓鱼"，闵兰荪是"张果老倒骑驴"，吕瑞蓂是"乌龙摆尾"，柳瑞春是"鹞子翻身"，魏紫樱是"流星赶月"，卞紫云是"富贵不断头"，而紫芝则两手撮了一捆箭，朝壶中一投，说是"乱劈柴"。足见女子花样投壶令人眼花缭乱。

投钩列座围华烛　格塞分朋占靓妆

——欢会忘寐玩藏钩

藏钩是一种用玉钩来作为射覆之物的传统游戏活动，尤为女子喜爱。它的起源还有一个极富传奇色彩的故事，并且与女子有关。

据《汉书·外戚传》载，汉武帝暮年的时候所宠爱的最后一位夫人是汉昭帝的母亲钩弋夫人。钩弋夫人老家在河间，有一年，汉武帝巡行各地路过河间，望气的术士说这个地方有一个奇异的女子。汉武帝颇信方术，立即派人去把这个奇女招来。奇女来了后，两只手都握成拳头状，一直攥得很紧，蜷曲伸不开，汉武帝亲自上前把她的玉手掰开。说来也怪，奇女的手指马上伸直了，手里有一玉钩。汉武帝觉得十分有趣，把这奇女带回宫中，从此以后这个奇女得到亲幸，称为钩弋夫人，进封为婕妤，居住在钩弋宫，受到皇上的宠爱，太始三年，生下一子，就是后来的汉昭帝。正是：双拳长握待君伸，御辇遥临宠眷新。正因有了这传奇故事，后来藏钩在汉宫中就发展成为游戏，在宫中广为流行，通常的玩法是：众女子分成两队，每队有一只玉钩在众女子手中传递，双方互射玉钩在谁手中，猜中率高的即为获胜一方。由于这种游戏活动具有很强的趣味性，玩法又较为简单，因此深得人们的喜爱，特别是广大妇女儿童的欢迎。《宋书·符瑞志》在引述钩弋夫人事迹后，断言"由是汉世有藏钩之戏"。

汉代，藏钩与射覆一起经常被用来作为皇宫中宴请宾客之后的娱乐助兴节目，东方朔就是汉武帝时宫中有名的藏钩、射覆高手。藏钩后来从宫中流传到民间，演变成节令性游戏，至晋代时，藏钩游戏在人员分配、活动程式、奖惩制度等方面都已形成了一套较为完备的定制。晋人周处《风土记》就有较为详尽记载：

> 藏钩之戏，分为二曹，以较胜负。若人偶则敌对，人奇则奇人为游附，或属上曹，或属下曹，名为飞鸟，以齐二曹人数。一钩藏在数手中，曹人当射知所在。一藏为一筹，三藏为一都，……藏在上曹即下

曹射之，在下曹即上曹射之。

周处还记载说在吴地每到腊日饮祭以后，妇女儿童便要玩藏钩游戏，已成风俗习惯，这种风俗流传甚广，甚至引起了文人雅士的注意。晋代庾阐专门写有《藏钩赋》，生动别致，意趣横生：

> 叹近夜之藏钩，复一时之戏望。以道生为元帅，以子仁为佐相。思朦胧而不启，目炯冷而不畅。多取决于公长，乃不咨于大匠。钩运掌而潜流，手乘虚而密放。示微迹而可嫌，露疑似之情状。辄争材以先叩，各锐志于所向。意有往而必乖，策靡陈而不丧。退怨叹于独见，慨相顾于惆怅。夜景焕烂，流光西驿。同朋海其凤退，对者催其连射。忽攘袂以发奇，探意外而求迹。奇未发而妙待，意愈求而累僻。疑空拳之可取，手含珍而不摘。督猛炬而增明，从因朗而心隔。壮颜变成衰容，神材比为愚蒙。

古代还有藏钩是女子节日必备游戏之说。《采兰杂记》记载说，按阴阳之说，九为阳数（见《重阳古风佩茱萸》一节），古人以每月二十九日为上九，初九日为中九，十九日为下九，这是古时每月中的一个特殊的日子，也是一个专门为女子设立的节日。每月下九，家家户户均要置酒宴乐，为妇女欢，称为"阳会"，这天晚上，女子们都要玩藏钩等游戏，以待月明，甚至要玩个忘寐通宵，直到天亮。

古人为什么要将每月十九日这一天定为女子的节日呢？因为九为阳数，而女子则属阴，定下九为女子节日，有着求得阳气的意蕴。在这一天，对女子的管束和制约放松，女子们可以聚集在一起，尽情地吃喝玩乐，游戏嬉闹，而这一切都被视作是吉利的，所以这种活动又称为"阳会"。下九作为女子节日，最适宜平民百姓家的女子，她们平时要参加生产劳动，家务事也十分繁忙，不可能像贵族女子们那样有大量的闲暇空余时间来从事各种游戏活动，只有每逢劳动之余，特别是到了节日之中，她们才参与游戏活动，以此来驱除疲劳，松弛一下绷紧多时的情绪。每月设一个女子节日，让女子轻松愉快一下，确实是一项不错的举措。

唐宋时期，藏钩游戏也十分盛行，无论民间还是宫中，多是女子玩的多。唐代许多诗人都作过这方面的吟咏。最著名的当数李商隐。诗人曾与一位贵家女相恋，曾在画楼桂堂相亲相欢，玩着藏钩、射覆的游戏，沉浸在温馨旖旎的男欢女爱之中。分别之后，诗人对佳人无限思念，写下《无题》二首，抒写对昨夜一度春风，旋成间隔的意中人深切的怀想，其一云：

> 昨夜星辰昨夜风，
> 画楼西畔桂堂东。
> 身无彩凤双飞翼，
> 心有灵犀一点通。
> 隔座送钩春酒暖，
> 分曹射覆蜡灯红。
> 嗟余听鼓应官去，
> 走马兰台类转蓬。

这是一个美好的春夜，星光闪烁，和风习习，空气中充溢着令人沉醉的温馨气息，一切都似乎和昨夜相仿佛，但昨夜在"画楼西畔桂堂东"和所爱的意中人相会的那一幕却已成为亲切而难以追寻的记忆。虽无彩凤那样的双翅，得以飞越阻隔与意中人相会，但彼此的心却像灵犀，自有一线相通。诗人又从自己和意中人相聚玩藏钩等游戏时的欢乐，想到意中人此刻在画楼桂堂上参加宴会，那宴会上，灯红酒暖，觥筹交错，笑语喧哗，隔座送钩，分曹射覆，一定很热闹。但诗人此时处境却是凄清寂寞，在终宵的追怀思念之中，不知不觉，晨鼓已经敲响，不得不去上班应差了。晚唐诗人皮日休《登初阳楼寄怀北平郎中》亦云："投钩列座围华烛，格塞分朋占靓妆。"诗中描写的亦是与相好的女子饮酒作乐，藏钩射覆的生动场面。

唐代宫中，玩藏钩游戏却是场面盛大，排场铺张，奢华挥霍。藏钩本是比较简单的游戏活动，平常百姓玩起来只不过把一枚玉钩藏好，供一两人猜玩寻找而已。可是宫廷中所进行的藏钩游戏，其排场和规模远非民间所能比，令人咋舌。唐代宫中一般都要有几十人，甚至几百人参加，宫女们身穿绮丽华贵的服装，分成各式各样的队伍，游戏时各自要拿出各种各样贵重的猜玩之物，赢者还可以得到彩缎等重奖。唐代敦煌写本中《宫廷词》描写宫中藏钩云：

欲得藏钩语多少，

嫔妃宫中□□和。

每朋一百人为足，

遣赌三千匹彩罗。

玩一次藏钩游戏，就要玩掉三千匹彩罗，这是何等奢侈的游戏！当时敦煌民间五匹熟绢就能买一个姑娘，那么三千匹彩罗又是怎样的一个巨大数字，也就可以想见了。

宋代宫中，嫔妃们成天生活在深宫之中，生活条件优越，但又常常得不到皇帝的宠幸，过着冷清寂寞的生活。百无聊赖的生活方式，使她们常常只能以游戏来弥补精神上的空虚，以游戏伴随自己度过宝贵的青春年华。嫔妃们和身边的宫女经常一起玩藏钩游戏。北宋末年，有一位嫔妃夜晚玩藏钩游戏，以消磨长夜时光。弯腰玩得正欢时，突然看到绣有瑞羊的画轮车来接她去陪皇上过夜。羊车临幸，是说晋武帝时，后宫有美女万人，晋武帝不知先临幸谁，便乘羊车，羊车停在谁的门前，就和谁过夜，共赴巫山。后人以羊车指皇上临幸。此时，那嫔妃低头微笑不休。她在后宫三千佳丽中算是幸运的。一首《宫词》记

女子游艺

此事云：

> 翠翘朱屈背，小殿夜藏钩。
>
> 蓦地羊车至，低头笑不休。

《历朝名媛诗词》称是失其姓氏的汴梁宫人所作，此宫人入宫十五年，一直是处女，她所写的大概是她自己的亲身经历，要不然不会如此细致入微，活灵活现。

辽代，藏钩游戏在宫中衍为藏阄戏，经常在宴饮时游玩助兴，这一游戏还郑重其事地纳入辽代宫廷礼制之中，成为宫廷宴饮必备的法定节目。《辽史·礼志》载，每逢皇上大宴群臣，皇帝临御天祥殿，朝臣入朝依位赐坐，契丹人面向南，汉人面向北，分成两队行阄，或五筹或七筹，赐膳食罢，全体起立谢恩，接着又坐下行阄如初，到入夜时赐茶。如果皇上得阄，臣下向皇上进酒，皇上则赐酒众官共饮。其玩法基本与藏钩相同，君臣席间玩藏阄戏充满乐趣，欢声荡漾，笑语连天，滋味无穷。清人史梦兰《全史宫词》就有记述：

> 君臣团坐笑藏阄，
>
> 宴上分朋共几筹。
>
> 目过金铺茶酒罢，
>
> 天祥宝殿瑞烟浮。

　　藏钩游戏明清之际也是除夕晚上家家户户守夜时常见的游戏活动。家中男女老少分为两组，准备一枚钩子，或是戒指，或是顶针，一方藏，一方猜，以猜到找到为胜，象征新年如意，同时对家庭和睦作用也很大。清人李调元《弄谱百咏·藏阄》云：

> 筵上花枝照烛红，
> 随拈莲子斗雌雄。
> 真空两手君休诧，
> 看破乾坤总是空。

女子游艺

忘却玉弓相笑倦　攒花日夕未曾归

——轻盈翻飞踢毽子

踢毽子是我国民间的一项健身游艺，在古籍里毽子又写作鞬子、毛毽子、蹀镩。清人翟灏《通俗编》引《吴氏字汇补》释毽云："毽，抛足之戏具也。"是说毽子为用脚踢的游艺器具，其制作方式，清人富察敦崇《燕京岁时记》云："毽儿者，垫以皮钱，衬以铜钱，束以雕翎，缚以皮带。"分毽铊和毽羽两部分。其踢法甚多，清人阮葵生《茶余客话》说："其中套数家门，凡百十种。"

踢毽子的历史十分悠久，究竟始于何时，并无确切记载。宋代高承《事物纪原》认为踢毽子为"蹴鞠之遗事"。蹴鞠是流行于战国时的踢足球，不过那时的球用毛纠结而成，与毽子以皮带束翎的制作方式类似，所以，鞠和毽确实有点血缘关系。据文物学家考证，汉代画像砖上图案中，已有踢毽者的形象，由此推断，踢毽子最晚也起源于两千年前的汉代。

到了南北朝，踢毽子技巧已经相当

高了。唐人释道宣《续高僧传》载，少林寺的第一代住持印度高僧佛陀在洛阳游历时，看到一个十二岁的小男孩站在天街高高的井栏上，用脚外侧一口气反踢毽子五百下，引来无数人围观，惊赞不已。佛陀亦十分惊异，说："此小儿世戏有工。"就收下这个小男孩为弟子。这即是后来有名的少林高僧慧光。能一连反踢五百下，足见其脚下功夫颇不一般。

唐宋时期，踢毽大为风行，就连皇宫里嫔妃宫女莫不爱踢毽子，把踢毽子和荡秋千并为宫廷两大游艺项目，竞相游戏。宋代踢毽子技巧愈来愈高，花样也愈来愈复杂。宋人高承《事物纪原》云："今时小儿以铅锡为钱，装以鸡羽，呼为毽子，三五成群走踢，有里外廉、拖枪、耸膝、突肚、佛顶珠、剪刀、拐子各色。"当时不光用脚踢出花样，还用膝、腹、头耍弄毽子。由于踢毽子盛行，就出现了专卖毽子的小店，宋人周密《武林旧事》卷六记京都临安城经营各种玩具的小店，其中就有经营毽子的玩具店。

明清时代，踢毽子更加盛行，具有高度的技艺性。《金瓶梅》第七十八回有玭安和王经对踢毽子的描写。清代古籍中记载踢毽子甚多，清人潘荣陛《帝京岁时纪胜》说："都门有专艺踢毽子者，手舞足蹈，不少停息，若首若面，若背若胸，团转相击，随其高下，动合机宜，不致坠落，亦博戏中之绝技矣。"这些身怀绝技的踢毽专业艺人下海卖艺为生。一般人喜爱踢毽子也技艺不凡，《通俗编》载："今京市为此戏最工，顶额口鼻，肩背腹膺，皆可代足，一人能兼应数敌，自弄，则毽子终日绕身不坠。"这是很高的个人踢毽子技巧，还有多人配合默契的踢毽技巧，《都市丛谈》载："北京人以雕翎下坠铜钱，合四人围绕互相踢之，不准使其落地，名为踢毽儿。如传至某人跟前不向外送，亦可以单独演成种种花招儿，如三条腿儿，左右葫芦，前后底子带转印，并有马空儿、跳空儿、葫芦湾子、活见鬼、可谓等等不一。"每逢各处举行庙会，那些踢毽技艺高超的好手，都要纷纷前往，相互表演切磋技艺，以为消遣。清末北京谭俊川，人称"毽儿谭"，能一口气连踢六千多下，并连续不断地表演出二十多套花样。他还将平生踢毽技艺编成《翔羚指南》，当是中国第一部毽子谱。

塞外承德更享有"踢毽之乡"的美誉，几乎家家有毽，人人善踢，尤其一到新年，人们结伴成群，聚集踢毽，一时彩蝶纷飞，似闻春讯。清光绪年间，承德有一个百岁老进士，居然能踢出喜鹊登枝、金龙探爪、狮子滚绣球等108种花样套式。在南方广州每逢正月十五元宵节还有踢毽子会，清人屈大均《广东新语》说元宵节这天白天，人们汇聚五仙观，举行踢毽子会，各逞技艺，精彩纷呈。

有清一代儿童喜欢踢毽子，女子则更热衷此戏。清康熙年间李声振《百戏竹枝词·踢毽儿》咏道：

> 青泉万迭雉朝飞，
> 闲蹴鸳靴趁短衣。
> 忘却玉弓相笑倦，
> 攒花日夕未曾归。

这是写少女踢毽子。当时少女们爱玩"攒花"，这是一种"数人更翻踢之"的踢毽游戏，它给闺中少女带来许多乐趣，为了玩得痛快，少女们脱掉裙裳，身着轻便短衣，上下翻飞踢着笑着，常常踢到日头西落，还不肯归去。

清初著名词人陈维崧有一曲《沁园春》专咏闺中女子踢毽子，写得趣味盎然：

> 娇困腾腾，深院清清，百无一为。向花冠尾畔，翦他翠羽，养娘篮底，检出朱提。裹用绡轻，制同毬转，簸尽墙阴一线儿。盈盈态，讶妙蹰蹴鞠，巧甚弹棋。
>
> 鞋帮只一些些，况滑腻纤松不自持。为频夸狷捷，立依金井，惯矜波悄，碍怕花枝。忽忆春郊，回头昨日，扶上栏杆剔鬓丝。垂杨外，有儿郎此伎，真惹人思。

从制作毽子到踢毽子的技巧再到踢毽子的乐趣，写得生动逼肖，我们看到一个妙龄女郎在清幽的深院里踢毽子的盈盈姿态，那精心制作成的毽子上下翻舞，千变万化，简直比踢球还巧妙，比下弹棋更有趣味。妙龄女郎轻盈娇捷的踢毽子身手大为不凡，观者频频夸赞。

毽子在皇宫里，亦是嫔妃宫女的消遣乐事，清光绪皇帝的瑾妃，堪称清宫踢毽子好手。瑾妃的侄子唐海炘回忆瑾妃踢毽子的情景描述：午休后，吃完加餐，喝完茶，瑾妃亲自带我们到御花园里走走，但更多的时间是在殿前踢毽子玩。踢毽子时瑾妃要把大衣襟的下摆拉起来塞到腰搭上，和我赛着踢，对着踢。当她自己踢时，越踢越带劲，有时把毽子踢到前殿挂匾后边，这时宫女便传来小太监用竹竿弄下毽子再接着踢。姑母踢毽子的姿势很好看，前踢，左踢，右踢，雪白的鸡毛毽子，在姑母脚下来回旋转。太监和宫女们在旁边喝彩叫好："瑾主妃踢得妙！"就这样，一直踢到进晚膳才算罢休。

中国女子踢毽子还在奥运会上一展风姿。第十一届奥运会德国柏林举行，当时扬州女学生翟连源，以中国代表团国术表演队队员身份赴德，将国术妙技踢毽子展示在全世界观众面前，她连续踢出三十多套不同花样，手舞足踢，连贯流畅，毽子在她的头上、脸上、后背、前胸、脚上、全身盘旋飞舞，如花簇锦团，妙不可言，看得全场观众眼花缭乱，欢声雷动。

千年古技踢毽了既有益健康又情趣盎然，在民间具有很强的生命力，千年不衰，流传至今，仍是少男少女们喜欢的一项古老的游艺项目。

斗智竞技

纹楸暖玉各纵横　缄情妙招出新奇

——婵娟花院下围棋

明人谢肇淛《五杂俎》说："古今之戏，流传最久远者，莫如围棋。"的确，围棋不仅仅是一种斗智游戏，而且还是一种历史悠久的文化形态。自从围棋出现后，到唐代跻身中国四大传统艺术形式之列，棋与琴、书、画就被国人视作体现文化修养的必习雅艺，影响着历来的风会。关于围棋的产生、发展，可参阅殷伟《中国围棋史演义》一书。

围棋的那种高雅格调和静谧气氛，与古代女子那种闺房深居的生活方式非常协调，因此，古代女子对围棋情有独钟，常把围棋当作她们终日为伴的佳友，与围棋结下不解之缘。

皇家嫔妃宫娥成天关闭在深宫内院之中，经常感到寂寞冷清，无所事事，闲敲棋子下围棋便成了她们玩乐的最佳游戏。现今所知道的最早的女子围棋手，就是汉高祖刘邦的戚夫人。据晋人葛洪

《西京杂记》载，戚夫人陪侍刘邦"于八月四日出雕房北户竹下围棋"，以后每年这一天下围棋就成了汉宫中的风俗。晋人干宝《搜神记》将这一风俗神秘化，说宫中在这一天下围棋，胜者终年有福，负者终年疾病，只有取丝缕就北斗星求长命方能免灾。此说给汉代宫女的围棋活动蒙上了一层神秘的面纱。汉初戚夫人与宫女们突破了围棋为男子垄断的格局，开创了中国女子围棋的先河。

自汉以后，历朝历代嫔妃宫女往往都要以围棋为"必修功课"，宫中女子围棋或隐或显，绵延两千余年。唐代宫中女子围棋颇为流行，宫女们经常下围棋以为戏乐，那些棋艺较高屡次获胜的宫女还被人称为"女尚书"，王建的诗句"宫局总来为喜乐，院中新拜女尚书"，说的就是此事。王建有一首《夜看美人宫棋》写宫中美人下棋取乐云：

宫棋布局不依经，
黑白分明子数停。
巡拾玉沙天汉晓，
犹残织女两三星。

宫中美人下围棋水平不低，不拘常法定式；下围棋兴致极高，通宵达旦不知疲倦。张藉亦有《美人宫棋》云：

> 红烛台前出翠娥，
> 海沙铺局巧相和。
> 趁行移手巡收尽，
> 数数看谁得最多。

或许也是宫中美人宫棋取乐的真实写照。

　　五代南唐宫中女子围棋犹唐一样盛行。后主李煜是个风流才子，好下围棋，他的妃子昭惠国后周氏多才多艺，通书史，善歌舞，工琵琶，采戏弈棋，靡不绝妙，是宫中女弈高手，周氏病故后，李煜自称"鳏夫煜"，作诔数千言，其中有"丰才富艺，女也克有，采戏传能，弈棋逞妙"的评语，对周氏的围棋技艺算是盖棺论定。五代画家周文矩以南唐宫中围棋为题材画过不少作品，如《重屏会棋图》是宫室家庭成员对弈场面的真实记录，《荷亭弈钓仕女图》则反映的是南唐宫女爱好围棋的生动情景。

　　五代后蜀的宫女为了求得君王的宠幸，刻苦练习下围棋，以使君王对自己有所垂青。后蜀主孟昶的贵妃花蕊夫人《宫词》云：

> 日高房里学围棋，
> 等候官家未出时。

> 为赌金钱争路数，
> 专忧女伴怪来迟。

可见宫女们学围棋，主要为了在"官家"面前争宠。同时下棋赌钱打发寂寞日月，在官家未出时，小宫女向老宫女学习围棋，还要下注作赌，技逊一筹，又要争路数。这正是后蜀宫中女子围棋的写照。

宋代宫廷女子围棋是继唐、五代之后又一兴盛时期，宫中女子围棋活动的开展，可从宋人宫词中窥见一斑。宋太宗时宋白《宫词》云：

> 棋品从来重一先，
> 后庭无事绿窗闲。
> 昭容不赌寻常物，
> 言得千金紫玉环。

宋仁宗、宋神宗时王珪《宫词》亦云：

> 碧桃花下试枰棋，
> 误算筹先一著低。
> 输却钿钗双翡翠，
> 可胜重劝玉东西。

均是描写宫中女子围棋的情景。到了宋徽宗时，这位琴棋书画样样精通的皇帝更是推波助澜，在嫔妃宫女中大煽弈棋之风，从其御制《宣和宫词》中，可见嫔妃宫女弈棋之风大盛：

三月风光触处奇，
禁宫通夜足娱嬉。
踏青斗草皆余事，
闲集朋侪静弈棋。

新样梳妆巧画眉，
窄衣纤体最相宜。
一时趋向多情逸，
小阁幽窗静弈棋。

宫中佳丽一时竞相弈棋，追求逸情雅志，对其他游戏一概不感兴趣，通宵达旦弈棋嬉戏，在宫中形成一时风气。宋徽宗还不过瘾，又设立了女子棋待诏，陪他下棋，教佳丽们练棋，御制《宣和宫词》云：

忘忧清乐在枰棋，
仙子精工岁未笄。
窗下每将图局按，
恐防宣诏较高低。

这是一个尚未成年的少女棋待诏，时时勤于打谱习棋，不敢掉以轻心，随时准备着去与皇上竞棋。

金、元、明宫廷中也流行女子围棋，宫女们多是以弈棋消磨青春。金人王若虚《宫女围棋图》诗云：

> 尽日羊车不见过，
> 春来雨露向谁多？
> 争机决胜元无事，
> 永日消磨不奈何。

这位宫女终日望君君不至，春来幽怨更深，只有以棋遣愁，打发时光。元人袁桷《宫娥弈棋图》诗写元代宫中宫娥们秉烛夜棋：

> 争先春色在眉端，
> 围坐佳人着意看。
> 可是相怜饶不得，
> 东风自怯五更寒。

一群宫娥孤枕罗衾不耐五更寒，只好聚集一起长夜秉烛弈棋通宵。明人王誉昌《崇祯宫词》写田贵妃和崇祯皇帝对弈：

> 套分一局两相当，
> 坐隐还教共御床。
> 自分身如玉棋子，
> 要将冷暖问君王。

王誉昌诗下注云：田贵妃每与帝弈，辄负二子，未尽其技也。田贵妃下棋是为了侍奉皇帝，陪皇帝娱乐，自然不敢赢皇帝，又生怕多输让皇帝认为自己下棋不尽心，所以不能尽其技，这种弈棋的滋味实在不好受，谈不上有多大的乐趣，只是玩玩而已。当初金太宗的皇后是宋宗室荆王的女儿，棋艺颇高，只因陪金太宗下棋，出语争道，被金太宗赐死。前车之鉴，田贵妃不得不处处讨好皇帝。

　　民间女子围棋活动比起宫中女弈来说，则是异彩纷呈，高手辈出。南朝齐时浙江东阳女子娄逞，文章出众，又擅长围棋，但因是女子，不能出去以棋会友，只得女扮男装，云游各地，寻访棋友，和那些有地位的公卿进行围棋较量，不仅取得了围棋声名，还谋得了扬州议曹从事的官职。后来娄逞女儿身份暴露，齐明帝下令赶她回乡。娄逞只得重穿上女子服装，叹息说："我有如此好棋艺，叫我回家当老太婆，岂不是太可惜了吗?"这样一位不甘雌伏的女子，当时竟被人咒骂为"人妖"。娄逞是中国围棋史上有名可稽的第二个女围棋手。

　　唐代出现了婆媳口弈高手。据唐人李肇《唐国史补》、薛用弱《集异记》载，唐代国手王积薪之所以天下无敌，是得到高人指点。一次，王积薪在山溪边一户偏僻人家借宿，这家只有婆媳二人，分住东西两间。晚上婆婆提出下围棋，媳妇欣然从命，室内没有灯烛、棋盘。只听见媳妇在东房说："我先在东五南九下子了。"婆婆在西屋说："我下子在东五南十二处。"就这样两人每下一子，皆思考良久，直到四更，才到三十六着，就听婆婆说："你已输了，我只赢你九子。"王积薪附耳门扉听罢，十分惊讶，第二天，恭敬地向婆媳二人讨教，婆婆让媳妇略作指点，说："就这几招已经可以无敌于天下了。"王积薪棋艺从此举世无双。荒山野岭的僻地，竟有如此棋艺惊人的婆媳二人，真是令人不可思议，故尔人们认为这婆媳高手是仙人。从新疆吐鲁番阿斯塔那村古墓群中唐代当地豪族张氏墓葬出土的绢画，有一幅围棋仕女图，反映出唐初在边远地区的女子围棋活动。

宋人洪迈《夷坚志补》卷十九记载了金朝女子围棋国手妙观的故事。妙观围棋水平一流，在京师开设棋馆教棋，从学者如云。南宋蔡州小道人棋艺里中无敌，便挟艺出游，寻访棋友竞技，一路上无人出其右，他来到金朝首都，天天去妙观棋馆看棋，然后在妙观棋馆对面挂出"奉饶天下最高手一先"的招牌，有意与妙观一战，妙观先派出自己的得意弟子去应战，结果败北而回。在好事者撮合下，妙观出马与小道人对局，先是妙观连赢两局，后来小道人反败为胜，弄得妙观惭窘失措，最后两人结为夫妻。妙观的围棋水平虽冠于金国，但与宋朝围棋高手相比，却稍逊一筹。尽管如此，妙观仍不愧为金国第一高手。

南宋还出现过一位八岁女棋童，从小喜好观弈，又从师父学棋，诗人刘镇曾与她对弈，虽是童音未改的娇痴小女，却慧黠过人，随手下子也令人大费斟酌。这位女棋童下棋时四面顾盼，天真烂漫，能够随机应变，不断变换新的棋势战术，女棋童超乎常人的聪颖机智和无异常人的天真，给刘镇留下深刻印象，不禁对她小小年纪却有这般棋艺大为惊讶，为此专作了一首《八岁女善棋》：

> 慧黠过男子，娇痴语未真。
>
> 无心防敌手，有意恼诗人。
>
> 得路逢师笑，输机怕父嗔。
>
> 汝还知世事，一局一回新。

这位颇有培养前途的女棋童，可惜姓名不传。南宋赵师侠淳熙年间曾与友人曾无玷观看当时著名女棋手沈赛娘下棋，作《点绛唇》词记当时竞棋情景云：

袅袅娉娉，可人尤赛娘风
韵。花娇玉韵，一捻春期近。
占路藏机，已向棋中进。俱休
问，酒棋花阵，早晚争先胜。

当时在一些士大夫家庭中，围棋往往成
为男女之间的角智游戏。刘铉《少年游·
戏友人与女子对弈》云：

石榴花下薄罗衣，睡起却
寻棋。未省高低，被伊春笋，
拈了白琉璃。

钏脱钗斜浑不省，意重子
声迟。对面痴心，只愁收局，
肠断欲输时。

写女子睡后初起，听说下围棋，不让须
眉先拈白子，对局时全神贯注，精心经
营，争棋入迷，无暇他顾，以至钏脱钗
斜都不知晓。这娇痴美态却弄得男子有
点想入非非了。

清人陈若兰写有闺词一百首，其中
一首云：

垂柳依依绿影生，
芰荷亭上设棋杆。
局中弹出纵横势，
笑问檀郎若个赢？

这是写阳春三月夫妻在水亭上对弈的情

景，妻子的围棋水平似乎还要高出丈夫一筹，下完棋后，还得意地询问丈夫服不服输。或许这就是陈若兰的家庭生活写照。黄景仁《虞美人·弈》云：

> 昨宵博塞今宵弈，曲院云屏隔。月明犹界粉窗梅，只此春宵一局不用催。
>
> 金杯碎玉敲还寂，觅个中心劫，心知负了晕红腮，忽地笑拈双子倩郎猜。

在梅影疏浅月黄昏的春宵下棋，很是闲雅多趣，然而男风不竞，眼看将败，欲下不能，欲悔又不忍，女子忽地灵机一动，笑着拈双子请郎猜。这女子大概深知郎君怜香惜玉之情，故尔在他暂时不肯相让时，来了这么一招，如此可爱可怜，郎君自然要让她三分了。李渔曾说："但与妇人对垒，无事角胜争雄，宁饶数子，而输彼一筹，则有喜无嗔，笑容可掬。若有心使败，非止当下难堪，且阻后来弈兴矣。纤指拈棋，踌躇不在，静观此态，尽勾销魂，必欲胜之，恐天地间无此忍人也。"看来男女对弈不在竞胜，重在一种情趣。

清代才女骆绮兰亦是个女弈好手，

喜欢月夜对弈，通宵不倦，她的《月夜对弈》就表现出她月下弈棋闲雅宁静的情怀和似水如波的棋兴：

> 蕉阴分韵罢，棋兴月中生。
> 黑白仍如旧，赢亏却屡更。
> 思深情转惑，静极子无声。
> 局尽天将晓，残星数点明。

按照李渔关于才女的标准，"琴棋书画四艺，均不可少"，工棋成了才女的一个标志，这就是明清女子多工围棋的原因。在清代甚至出现以围棋择夫的故事。黄铭功《棋国阳秋》载，有一个女子叫芙卿，是八旗宗室的千金，棋艺高强，到了出嫁年龄，其父多次为她择婿，她都不同意，提出如果谁弈棋胜了她，就嫁给谁。当时京师高手云集，果然有三人前来应战，一个是侍郎齐召南的公子；一个是还俗的和尚秋航，乃清代十八国手之一；还有一个是金秀才。三人分别与芙卿对局，秋航水平最高，齐公子次之，两人赢了芙卿，只有金秀才与芙卿战平。芙卿作了一首诗云："齐大非吾偶，禅心本自空。金兰如有契，白首一枰同"。选择了金秀才，两人成婚后，琴瑟甚笃，经常闺房一枰相对，其乐融融，有甚于张敞画眉之趣。这位芙卿姑娘以弈自择夫婿的故事，成为中国女子围棋史上一则佳话。

围棋亦是妓女娱客的一项必不可少的技艺，那些沦落青楼卖笑的风尘女子，大多精于围棋。据宋无名氏《李师师外传》载，风流皇帝宋徽宗听说名妓李师师色艺双绝，不禁怦然心动，偷偷从地道溜去与李师师幽会，得知李师师擅长双陆、围棋，便送礼巴结，宣和四年三月，宋徽宗送给李师师藏阁、双陆器具，又送片玉棋盘、碧白二色玉棋子，还有许多宫中豪华器具。来到李师师房里，两人打双陆，李师师赢了；又下围棋，李师师又大败宋徽宗，赢了白金两千两。宋徽宗棋艺颇高，李师师能战胜他，足见其棋艺不凡。像李师师这样有棋誉的妓女，京城多的是，有的棋艺过人的妓女还享有棋妓之名，既以美色待客，更以棋艺娱客。宋人谢逸《减字木兰花·赠棋妓》云：

　　风篁度曲，倦倦银屏初睡足。清簟疏帘，金鸭香锁懒更添。

　　纤纤露玉，风雹纵横飞钿

局。颦敛双蛾，凝停无言密意
多。

这位棋妓酷好弈棋，又棋艺精湛，对谢
过这样的棋知音产生了爱意，令谢过心
猿意马。又据《清代声色志》载，清代
名妓濮艳妹，姿态丰艳，举止蕴藉，不
会弹琴唱歌，独酷爱围棋，有客人来到
她的船上，若是会下棋，她便煮茶对弈，
终日不知疲倦。浙江人沈静常非常同情
她，劝她从良，就在棋盘上题了一首诗：

残棋一局费思量，

小劫频经未散场。

因到垓心才回首，

满盘花影已斜阳。

濮艳妹读出了诗中劝她爱惜青春，早思
从良的寓意，不禁泪流满面，说："沈静
常是真心爱我呀，我当把它珍藏起来，
不负他的教诲。"从此将沈静常许为棋友
加知音。

大凡旧时闺阁千金都会围棋，《西厢
记》中崔莺莺常与侍女红娘对弈，而明
清名著中多有描写女子围棋，正是当时
女弈风盛的反映。《金瓶梅》中多处描写
西门庆的妻妾下围棋，潘金莲、李瓶儿、
孟玉楼尤喜围棋，彼此之间经常对弈，

最著名的是第二十三回"赌棋枰瓶儿输钞"一节：这年春节初一，西门庆贺节不在家，午间孟玉楼、潘金莲都聚在李瓶儿房里下棋。孟玉楼说："咱们今日赌什么好？"潘金莲说："咱每人三盘，赌五钱银子东道。三钱买金华酒儿，那二钱买个猪头来。"说罢三人摆下棋子，下了三盘，李瓶儿输了五钱银子。

《红楼梦》中对大观园里千金小姐们的描写，都写到围棋，林黛玉、薛宝钗、惜春都擅长围棋。其中最精彩的一段是惜春和妙玉对弈，第八十七回写两人在蓼风轩中对弈，妙玉虽是栊翠庵尼姑，常在空门中揣摩古人棋谱，研究围棋招数，棋艺不凡。"啪"的一响，只听妙玉道："你在这里下了一个子儿，那里你不应么？"惜春道："怕什么？你这么一吃我，我这么一应；你又这么吃，我又这么应；还缓着一着儿呢，终久连的上。"妙玉又道："我要这么一吃呢？"惜春道："阿嘎，还有一着反扑在里头呢，我倒没防备。"妙玉又问惜春："你这个畸角儿不要了么？"惜春道："怎么不要？你那里都是死子儿，我怕什么？"妙玉道："且别说满话，试试看。"惜春道："我便打了起来，看你怎么着。"妙玉却微微笑道，把边上子一接，却搭转一吃，把惜春的一个角儿都打起来了，笑着说道："这叫做倒脱靴势。"看来妙玉实在棋高一着。

《镜花缘》第七十三回"看围棋姚姝谈弈谱"，写燕紫琼和易紫菱对弈，手拈冷玉，息气凝神；卞香云、姚芷馨在旁观阵。姚芷馨说到她只会飞忙乱赶下快棋，卞香云说："依我说，姐姐既要下棋，到底还要慢些。谱上说的：'多算胜，少算不胜。'如果细细下去，自然有个好着儿，若一味图快，不但不能高，只怕越下越低。俗语说的好：'快棋慢马吊，纵高也不妙。'围棋犯了这个'快'字，最是大毛病。"燕紫琼道："时常打打谱，再讲究讲究，略得几分意思，你教他快，他也不能。所以这谱是不可少的。"姚芷馨道："妹子打的谱却是'双飞燕'、'倒垂莲'、'镇神头'、'大压梁'之类，再也找不着'小铁网'在那谱上。"卞香云告诉她出处，问她做什么。姚芷馨说要借此谱看看学几着。这时易紫菱说："妹子当日也时常打谱，后来因吃个大亏，如今也不打了。"紫芝问她：

"怎么打谱倒会吃亏呢?"易紫菱道:"说起来倒也好笑,我在家乡,一日也是同亲戚姐妹下棋,下未数着,竟碰上谱上一个套子,那时妹子因这式子变着儿全都记得,不觉暗暗欢喜,以为必能取胜。下来下去,不意到了紧要关头,她却沉思半晌,忽然把谱变了,所下的着儿,都是谱上未有的。我甚觉茫然,不知怎样应法才好。一时发了慌,随便应了几着,转眼间,连前带后共总半盘,被她吃的干干净净。"这一群女子个个喜爱围棋,个个有一套,都是围棋好手。足见清代女子围棋十分普及。

红颜局边惊橘乐　十指纤纤敲玉棋

——兰心蕙性下象棋

象棋易学难精，爱好的人数以千万计，一直深受中国人的喜爱，几乎达到了家喻户晓的程度。

关于中国象棋的起源有着诸多有趣的说法，其一认为起源于传说时代的黄帝，北宋晁补之《广象戏图序》云："象戏，戏兵也，黄帝之战，驱猛兽以为阵，象，兽之雄也，故戏兵以象戏名之。"其二认为象棋是传说时代的神农氏创制，唐代牛僧孺加以改革，元人念常《佛祖历代通载》云："神农以日月星辰为象，唐相国牛僧孺用车、马、士、卒加炮代之为机矣。"其三认为是周武王发明的，明人谢肇淛《五杂俎》云："象戏相传为周武王伐纣时所作，即不然，亦战国兵家者之流，盖彼时犹重车战也。"清人梁同书《渊深海阔象棋谱序》亦云："黄帝伐蚩尤而为博，武王伐纣有天下，易其名曰象棋，言战阵势也。"其四认为是战国兵家创制的，宋人高承《事物纪原》云："盖战国用兵争强，故时人用战争之象为棋势也。"其五认为诞生于北周武帝时，《太平御览·工艺部·象棋》云："周武帝造象戏。"明人朱应秋《玉芝堂谈荟》亦云："象戏，为周武帝造。"

上述种种纷纭异说，虽不能不信，但亦不能全信，有一点是肯定的，中国古代象棋的萌芽已显端倪。象棋的产生演变经历了由简单到复杂，由初级到高级，由易到难的发展过程，象棋的形制，棋盘由九道直线和十道横线所组成，构成九十个交叉点，棋子共三十二枚，大致由唐代宝应象棋演变而来，至宋代已基本定型，一直延续至今仍十分盛行，亦颇受女子的欢迎和爱好。

宋徽宗不是个有所作为的皇帝，但深通百艺，琴棋书画，样样在行，在他的倡导下，宋代后宫中盛行象棋，嫔妃宫娥也喜下象棋。宋徽宗喜欢绮窗长夜，点起红烛，欣赏宫娥们对局下象棋，其御制《宣和宫词》云：

> 白檀象戏小盘平，
> 牙子金书字更明。
> 夜静绮窗辉绛腊，
> 玉容相对暖移声。

直秘阁周彦质《宫词》也云："象戏宫娥

共雅欢，团团犀玉布牙盘。"说的都是宫中女子象棋的情景，亦反映出宫娥们普遍雅好象棋游戏，通宵娱嬉，不亦乐乎！开封出土的宋徽宗时铜质象棋子，一面为汉字，一面为图案，其中"士"的图案就是身着戎装和裙子的女子。宋代还有别出心裁的象棋钱，上面既有汉字，又配有图案。这种象棋钱是研究象棋发展史珍贵的实物资料。

靖康二年，宋徽宗和嫔妃一行被金人掳渡黄河北去，其中显仁皇后因不知儿子赵构已在南京即位，曾用象棋来占卜。据当时随行的大臣曹勋《北狩见闻录》载：

> 臣扈从时，太后未知主上即位，尝用象戏局子，裹以黄罗，书康王字，贴于将上，焚香祷曰："今三十子俱掷于局，若康王字入九宫者，主上必得天位。"一掷，其将果入九宫，他子皆不近。太后手加额，甚喜。臣下拜，即奏。徽庙大喜，复令谓太后曰："瑞卜昭应异常，便可放心。卿等可贺我。"臣等皆再拜。太后因以此子代

将，不易。

时人王明清《挥麈后录》记曹勋对他说此事，作"今三十二子俱掷于局"。三十二子当为准确数字。有一个有力佐证，宋高宗为了表明他做南宋第一任皇帝是"瑞卜昭应异常"，特令画院待诏萧照画了十二幅《中兴瑞应图》，据清人卞永誉《式古堂书画汇考》载，第七幅画的是显仁皇后用象棋占卜的情景：一宫居中，朱碧焜耀，显仁皇后掷棋子盘中，侍妃有七人，宫之左右，树木掩映，间以竹栅。此图有曹勋的赞引，语用韵文，其中明明白白写道："三十二子。"《中兴瑞应图》尽管粉饰太平，但其中象棋占卜一幅，无意之中却保留了当时女子象棋的资料，显仁皇后不仅在宫中爱下象棋，甚至当俘虏在金营中亦下象棋。可以说是迄今流传最古的有关象棋的珍贵艺术品。清人吴焯有诗咏此事云：

> 靖康字谶启金微，
> 名罩黄罗局上飞。
> 谁道汉家兵制阙，
> 阴符早已著神机。

南渡后，女子象棋逐渐兴盛，一批女子闯入棋坛，崭露头角，诞生了女象棋大师沈姑姑这样杰出的女子。宋孝宗笃好象棋，万几余暇，留神棋局，宫中豢养了许多象棋高手，以备宣诏侍弈，设立了象棋待诏制度。南宋周密《武林旧事》卷六"诸色伎艺人"条记录了棋待诏，有围棋五人，象棋十人，其中堪称我国第一位女子象棋大师的沈姑姑名列其中。据元人杨维桢《送朱女子桂花院史序》载，宋孝宗时代内廷供奉的各色女艺人极多，宋孝宗特意挑选出棋待诏沈姑姑等人侍奉太上皇赵构，沈姑姑乃"一时慧黠之选"，足见是宫中女棋待诏中的杰出代表。清人李调元《南宋宫词百首》第二十五首咏道：

> 御床风细静焚庐，
> 镇日彤庭一事无。
> 忽有棋声花院里，
> 对弹知是沈姑姑。

上有所好，下必更甚，由于皇帝的爱好提倡，社会上掀起了群众性的象棋活动热潮，正如南宋洪遵《谱双·自序》中所云："象戏，家澈户晓"。就连闺阁女子也纷纷运智棋枰，刮起了一股女子象棋风，从当时文人诗词中可见一斑。福建莆田人蔡伸《临江仙》词云：

　　帘幕深深清昼永，玉人不
耐春寒。镂牙棋子缕金圆。象
盘雅戏，相对小窗前。隔打直
行尖曲路，教人费尽机关。局
中胜负定谁偏，饶伊使倖，毕
竟我赢先。

词描写一对年轻夫妇窗前相对棋战的情
景，尽管那玉人的棋艺水平并不高，只
不过是借下棋来消磨时光而已，但已说
明象棋活动已成为日常家庭生活中的一
部分，女子对象棋这种雅戏十分爱好。

　　安徽宣城人周紫芝《阮郎归》词亦
云：

　　月棂孤影照婵娟，闲临小玉盘。
　　枣花金钏出纤纤，棋声敲夜寒。

词中"枣花金钏"的女子伸出纤纤玉手
闲敲玉子清寒遣闲，其中"小玉盘"，证
诸宋徽宗"白檀象戏小盘平"的诗句，
可知这女子是在下象棋。象棋给闺阁中
女子确实增添许多生活情趣。

　　山东济南人周密有《浣溪沙》词云：

　　浅色初裁试暖衣，画帘斜
日看花飞。柳摇蛾绿妒春眉，
象局懒拈双陆子，宝弦愁按十
三徽。试凭新燕问归期。

词中描绘一位年轻女子因丈夫远出未有归期，因此独守空房，百无聊赖，象棋、双陆、弹琴都已不足于排遣她内心的寂寞和忧愁。从中可窥视到南宋女子象棋活动的一鳞半爪。南宋廖莹中《江行杂录》还载，当时杭州中下等人家生女长成，随其姿质，教以技艺，名目不一，其中就有培养女棋童的风气，是以陪侍欢娱士大夫为目的的，足以反映这一时期女子象棋活动的普及兴盛。

元代亦有不少女子染指象棋活动。无名氏《点绛唇》套曲云：

性温良，貌非常，晓诗书通合刺知棋象，兰心蕙性世无双。蛾眉频扫黛，宫额淡淡黄。

半弯罗袜窄，十指玉纤长。

此曲描写的是一位色艺绝世的风流女子，不仅貌似天仙，而且会下围棋和象棋。其棋艺如何，不可而知，但元代女子下象棋活动于此可略见一斑。

按明人唐寅《谱双·序》所说，当时"独象棋、双陆盛行。"妓女们都会一套陪侍的娱乐技能，在其所擅技艺中，象棋必不可少，《重叠字雁儿落带过得胜令》曲子写一位长在鸣珂巷，色艺却胜过深宅大院里千金的女子云：

> 我夸这二八芳容，一捏年
> 纪，可可喜喜，真真至至的女
> 孩年正娇。他生得风风韵韵，
> 即即世世、不长不短、不肥不
> 瘦的有万种天然俏。他又会顶
> 真、续麻、折白、道字，打的
> 双陆，下的象棋，知音的所件
> 能……

明代人描写风流标致的女子时，一般都具备这种种技艺。《金瓶梅》中屡屡描写西门庆的妻妾们下象棋，把通晓双陆、象棋作为女子百般伶俐的标志之一加以称扬。第三回写潘金莲"虽然微末出身，却倒百伶百俐，会一手好弹唱，针指女工、百家歌曲、双陆象棋无所不知"（又见第八十回、八十七回）。第七回写孟玉楼"生的长挑身材，一表人物，打扮起来就是个灯人儿，风流俊俏，百伶百俐。当家立纪、针指女工、双陆棋子不消说。"第四十四回写李瓶儿"打发西门庆出来，和吴银儿两个灯下放炕桌儿，摆下棋子，对从下象棋儿。"可见在西门庆家中，妻妾们大多会下象棋，以下象棋嬉戏娱乐，并成了日常生活的一部分，这也正是当时女子沉溺象棋成风的反映。

明代，挂枝儿风行于世，传唱极盛，时人沈德符《万历野获编》称"不问南北，不问男女，不问老幼良贱，人人习之，人人喜听之。"通俗文学大家冯梦龙将依据这曲子谱成的情歌搜集编成《挂枝儿》、《山歌》，多是以女子口吻写成的民歌，其中以象棋作喻体的情歌，颇为常见。《挂枝儿·咏部八卷》有一首题为《象棋》的情歌云：

> 闷来时，取过象棋来下。
> 要与你做士与象，得力当家。
> 小卒儿向前行，休说回头话。
> 须学车行直，莫似马行斜。若
> 有他人阻隔了我恩情也，我就
> 炮儿般一会子打。

曲词用天真的即兴比喻，把男女情爱生活中女子特有的情感表达得淋漓酣畅，这位擅长象棋的女子规劝情人要像"小卒儿向前行，休说回头语"，更要情人"学车行直，莫似马行斜"，一点儿不容许情人见异思迁，更不允许第三者插足，否则"就炮儿般一会子打。"

《山歌》卷六"杂歌四句"中有咏棋两首：

　　收了象棋着围棋，姐道我
郎呀，你着着双关教我�亨移，
零了中间吃郎打子辘轳结，结
来结去死还渠。

　　收了围棋下象棋，石炮当
头须防两肋车。我只道你双马
饮泉又起个羊角士，罗道你一
卒钻心教我难动移。

全曲虽是写下象棋，其中一些象棋术语
均系双关语，当头炮、两肋车、双马饮
泉都是隐喻一方为了求爱向另一方发起
的主动进攻，而叉起羊角士则暗指另一
方的拒爱，一卒钻心是指另一方筑起的
拒爱防御体系崩溃，对方牢牢地占据了
自己的心，这等于是通过下象棋方式，
巧妙地告诉对方：你的求爱成功了！全
曲写男女对弈，运用双关语传情达意，
妙趣横生。如果男女双方不善象棋，不
了解象棋各种布局和残局杀法，绝对创
作不出这种生动的情歌，正是女子象棋
活动盛行，喻之于歌才广为传唱。

　　清代女子象棋活动依然盛行，从李
汝珍《镜花缘》第七十四回《打双陆嘉
言述前贤，下象棋谐语谈故事》，有一段
绘声绘色的描述：

紫芝走出，要去看看象棋，找了两处，并未找着。后来问一丫环，才知都在围棋那边。随即来到白菜亭，只见崔小莺同秦小春对局，旁边是掌乘珠、蒋月辉、董珠钿、吕祥蓂四人观局。那对局的杀的难解难分，观局的也指手画脚。……只听蒋月辉道："小春姐姐那匹马再连环起来，还了得？"董珠钿道："不妨，小莺姐姐可以拿车拦他。"吕祥蓂道："我的姐姐，你这话说的倒好，也不望马后看看！"谁知秦小春上了马，崔小莺果然拿车去挡。这里吕祥蓂连忙叫道："小莺姐姐挡不得，有个马后炮呢！"话未说完，秦小春随即用炮把车打了。正当崔小莺和秦小春为炮打车拌嘴，紫芝说了一个夺车的笑话：

二位姐姐且慢夺车，听我说个笑话：一人去找朋友，及至到了朋友家里，只见桌上摆着一盘象棋，对面两个座儿，并不见人。这人不觉诧异；忽朝门后一望，谁知他那朋友同一位下棋的却在门后气喘嘘嘘夺车。恰好今日二位姐姐也是因车而起，好在有例在先。

这种夺车的棋迷，在明清人笔记里屡见不鲜，时人传为棋苑笑谈。女子象棋迷不仅被写进小说，而且还被写进弹词。木鱼书第九才子书《二荷花史》写羊城名妓红香和紫玉闲对象棋说："只见棋中车马正匆忙，士卒纷纷来又往，棋子敲残有几双，着来急是交关处。"晚上夜雨沥沥，红香颇觉无聊，又邀紫玉下象棋，并以夜雨敲棋为题赋诗，紫玉诗云：

> 底事黄昏最系情，
> 玉棋和雨响春声。
> 只今笑杀浑差着，
> 一局能输十五城。

红香诗则云：

> 闲呼迷局耐芳情，
> 打破春愁似有声。
> 散作啼花千点雨，
> 飞飞如满石羊城。

从中可看出当时广州青楼女子闲时迷恋象棋的情景。晚清散曲家汪顼有小令

《南商调黄莺儿·闺怨》，写一个女子与情人分别后极为哀怨，先是"懒拈针线恹恹待"，为了消磨时光，便与仆人"把象棋下来"，一见棋盘上刚布下的车、马等子，触景伤情，想起了情人分别时"安排着车儿马儿"的情景。这女子对象棋也很在行，又善联想翩翩，闺中女子消闲下象棋已成为司空见惯之事。

重门据险应输掷 数点争雄莫露机

——闺房雅戏打双陆

中国古代棋戏中有一种叫双陆的盘局游戏，素有"智人戏"的美名。据北宋晏殊《类要》称，双陆始自天竺，即佛教《涅槃经》中所说的波罗塞戏，三国曹魏黄初年间传入中国，经过梁、陈、魏、齐、隋各代广为流传，到唐代进入极盛。南宋洪遵《谱双》中记述尤详。

双陆一般由枰（棋盘）、马（棋子）、骰子三种戏具组成，棋盘呈长方形，左右各刻有一个半月形门，门的两边各刻有六个圆点，标志着十二路，又称梁；双陆棋子多为每方十五枚，分黑白二色，称作马，木质呈棒槌形，故又称为槌；打双陆时，先将棋子全部放在棋盘定的位置上，称为布阵，然后再掷骰子行马，白马自右向左，黑马自左向右，一方之马全部先走入后六梁叫入宫，便算获得一盘胜利，胜一盘得一筹，以十五筹为一局，亦有临局计议筹的多少。打双陆需要种种运智和诀窍，故唐人王梵志《双陆智人戏》称："双陆智人戏，围棋出专能。解时终不恶，久后与仙通。"由于地域的关系，双陆演变出许多不同类型，有北双陆、广州双陆、真腊双陆、日本双陆、大食双陆、佛双陆、平双陆、打间双陆等等，玩法各异，但基本形制却大同小异。

双陆最初尽管是舶来品，但经过国人的局部改进后，颇受各阶层的欢迎和喜爱，在唐宋间曾盛极一时。唐代宫中双陆风靡一时，女皇武则天就是一个双陆迷，曾自制九胜局，对双陆加以改革，令文武百官分朋打双陆。据唐人李肇《唐国史补》载，武则天将亲生儿子、中宗李显废为庐陵王，自己做了皇帝多年，却迟迟不立继承人。有一天，武则天做梦与人打双陆，连输数局。翌日，她心存疑虑地问大臣狄仁杰："我昨夜梦与人打双陆，一直不胜，这是什么缘故？"狄仁杰乘机上言道："双陆不胜，说明宫中无子的征象。""宫中无子"一语双关，武则天自然明白，遂召回李显复立为太子。

这狄仁杰和武则天一样喜爱双陆雅戏，是个行家高手。据《事文类聚》载，武则天的男宠张昌宗双陆造诣极深，经常陪武则天打双陆，武则天认为他天下无敌，爱幸不已，把南海进贡的一袭价值连城的集翠裘赐给他。这天，狄仁杰进宫奏事，武则天知道他双陆技艺高超，就令他与张昌宗赌双陆，问他赌何物。狄仁杰说："以臣朝服紫绁袍为注，赌张昌宗集翠裘。"武则天认为这不公平，说："这集翠裘价逾千金啊！"狄仁杰则回答说："臣的朝袍是大臣朝见之衣，而集翠裘不过是嬖幸的宠爱之服，以集翠裘对臣之朝袍，臣犹怏怏，颇有些不愿意呢！"众人无话可说，张昌宗神沮气丧，累局连连败北，狄仁杰当着武则天面，从张昌宗身上脱下集翠裘，扬长而去。清人史梦兰《全史宫词》咏此事云：

> 九胜分棚占采头，
>
> 今朝诗思让谁优。
>
> 锦袍纵向龙门寺，
>
> 争及张郎集翠裘。

唐中宗被废贬往房州时，韦皇后随之流落房州，两人相依为命，苦苦度日。在李显身处逆境的日子里，韦皇后给了他巨大安慰，李显对她发誓说："一朝重见天日，由你随心所欲，我誓不干涉。"后来，李显恢复帝位，韦皇后入主后宫。

韦皇后生性淫荡，又喜欢双陆，正恰武三思也擅长双陆，韦皇后就经常召他入后宫对局，两人眉来眼去，勾搭成奸。武三思色胆更大，随意出入皇后寝宫，并当着李显的面，公然在御床上打双陆，李显不但不加怪罪，反而陪在一旁，看一对奸夫淫妇对局，帮他们点筹。李显由于有誓言在先，戴了绿帽子也只有自认了，不惜纡尊降贵，为韦皇后点筹。这就是历史上有名的"韦武双陆，中宗点筹"的故事，《新唐书·后妃传》、《旧唐书·后妃传》中均有记载。清人史梦兰《全史宫词》咏此事云：

> 云光五色画衣箱，
> 覆辙将追武媚娘。
> 无子才醒双陆梦，
> 御床又复点筹忙。

唐代宫中嫔妃宫娥都喜欢打双陆嬉戏，唐人王建《宫词》云：

> 分朋闲坐赌樱桃，
> 休却投壶玉腕劳。
> 各把沉香双陆子，
> 局中斗得垒高高。

对于投壶和双陆游戏，嫔妃宫娥们更爱双陆。这与唐代盛行双陆有关，李肇

《唐国史补》说"今之博戏,有长行最盛","长行"乃双陆别称。那些"王公大人颇或耽玩,至有废庆吊,忘寝休,辍饮食者"。白居易《和春深二十首》第十七亦云,与围棋、投壶、象戏、弹棋相比,"最妙是长行"。温庭筠《南歌子》词亦云:"井底点灯深烛伊,共郎长行莫围棋。"是见双陆为人们游戏首选。后世文人对唐代朝野上下流行双陆多有吟咏,元人谢宗可《双陆诗》云:

> 彩骰清音押盘飞,
> 曾记唐宫为赐绯。
> 影入空梁残月在,
> 声随征马落星稀。
> 重门据险应输掷,
> 数点争雄莫露机。
> 惟恨怀莫夸敌手,
> 御前夺取翠裘归。

　　元明时代,双陆更是深入民间,与象棋并驾齐驱,成为大众化的娱乐项目。故明人唐寅《谱双·序》称"独象棋、双陆盛行"。元代杂剧每写人有技艺,总是将双陆、象棋并举,明代承之,曲中屡将双陆和象棋并举。《重叠字雁儿落带过得胜令》曲子写一个二八芳龄的女子时,就称"打的双陆，下的象棋。"《金瓶梅》中还把通晓双陆象棋作为女子百伶百俐的标志之一，加以称扬，如描述潘金连、孟玉楼都是"双陆象棋，无不通晓。"古代有下活人象棋的，明代权相严嵩之子严世蕃还下活人双陆，明人赵善政《宾退录》卷四载：

> 有佥事董某以双陆馈严世
> 蕃，织紫绒羀为局，饰女童三
> 十人，分红、白绣衫各十五，
> 每对直，当食子，则移女子抱
> 当食女子出局。

佥事董某为了讨好严世蕃，标新猎奇，追求刺激，进献女童列作双陆，这些女童必要经过打双陆的技术训练，起码通晓双陆，闻声刻在某位，便自行走到位。史载严世蕃常与妻子对打"肉双陆"，严妻亦是工于双陆象棋，与《金瓶梅》中潘金连、孟玉楼诸人合观，反映了明代嘉靖、万历年间上层妇女风行双陆游戏，以填补深闺的空虚生活。

清代双陆流传渐稀，依然为女子所喜爱，李汝珍《镜花缘》第七十四回"打双陆嘉言述前贤"写美人打双陆颇为绘声绘色，不妨移录：

紫芝惧怕玉蟾,连忙走开,来到双陆那桌。只见戴琼英同孟琼芝对局、掌红珠、邵红英、洛红蕖、尹红萸在旁观局。掌红珠道:"当日双陆不知为何要用三骰。与其掷出除出一个,何不就用两个,岂不简便?妹子屡次问人,都不知道,其中一定有个缘故。"孟琼芝一面掷骰,一面笑道:"据我看来,大约因为杜弊而设。即如两个骰子下盆,手略轻些,不过微微一滚,旋即不动。至于三个骰子一齐下盆,内中多了一个,彼此旋转乱碰,就让善能掐骰也不灵了。况双陆起手几掷虽不要大点,到了后来要紧时,全仗大点方能出得来。假如他在我盘,五梁已成,我不掷个六点,只好看他一人行了。以此看来,他除大算小,最有讲究的。"尹红萸点头道:"姐姐议论极是。古人制作,定是这个意思,我还听见人说,双陆是为手足而设。不知是何寓意?"戴琼英道："他是劝人手足和睦之意，所以到了两个、三个连在一处，就算一梁，别人就不能动；设若放单不能成梁，别人行时，如不遇见则已，倘或遇见，就被打下。即如手足同心合意，别人焉能前来欺侮；若各存意见，不能和睦，是自己先孤了，别人安得不乘虚而入？总要几个连在一处成了梁，就不怕人打了。这个就是外御其侮那个意思。"洛红蕖道："可见古人一举一动，莫不令人归于正道，就是游戏之中，也都寓着劝世之意。无如世人只知贪图好玩，那晓其中却有这个道理。"

乾隆进士李调元将当时民间广泛流行的各色技艺，各成一诗，名为《弄谱百咏》，其中咏双陆云：

> 契丹双陆紫檀盘，
> 握槊长行总近弹。
> 各把沉香来斗垒，
> 撩零空展画图观。

闲铺叶格花间戏　输去同心七宝钗

——逸致闲情斗叶子

中国最古老的纸牌游戏当数叶子戏，最早产生在唐代，学者对于叶子戏起源的看法并不一致，最通行的看法是，叶子戏是由唐代女子发明的。据《太平广记》引《咸定录》称，唐代太和进士李郃为贺州刺史，"与妓人叶茂莲江行，因撰骰子选，谓之叶子。咸通以来，天下尚之"。南宋晁公武《郡斋读书志》亦称："世传叶子，晚唐时妇人撰此戏。"叶子戏一经产生，便在社会上广为流传，渐渐影响日广，风靡一时，备受士庶百姓的喜爱，尤其闺中女格外钟情于叶子戏，大多一试身手，斗叶子取乐。唐人苏鹗《杜阳杂编》云，唐懿宗和郭淑妃之女同昌公主，下嫁韦保衡，喜好玩叶子戏，为了通宵玩叶子戏，公主竟让人以红琉璃盛珍贵的夜明珠，令人捧在堂中，光明如昼。这反映出叶子戏相当吸引人，令人玩起来乐而忘倦。

唐代叶子戏的真面目究竟怎样？今人很难知晓。宋人欧阳修《归田录》中认为："唐人藏书皆作卷轴，其后有叶子，其制似今策子，凡文字有备检用者，卷轴数难卷舒，故以叶子写之。"这可以说是最初的叶子戏即以此为源头，算是叶子戏的原始雏型。五代南唐后主李煜的妃子昭惠皇后周氏多才多艺，"彩戏弈棋，靡不妙绝"，曾著游戏专著《击蒙小叶子格》。从欧阳修所说的叶子，转化为一种游戏的戏具，加上一定的游戏规则，叶子戏便有了很大的魅力，在唐、五代十分时髦。

叶子戏到了宋代，获得了极大发展。宋太祖极喜欢叶子戏，而且精通此道，在深宫中和嫔妃宫娥玩得如痴如醉，他还下了一道圣旨，令宫娥们全部学玩叶子戏，借以消夜。后人所作《叶子戏消夜图》就从这里而来。清人史梦兰《全史宫词》咏此事云：

> 宣德楼前月色明，
> 御街处处听鸣钲。
> 深宫叶子消长夜，
> 容易虾蟆报六更。

宫娥玩叶子戏成风，影响所及，世人纷纷仿效，刮起叶子戏风，为此，宋人著有不少叶子戏专著，如《叶子格》、《偏金叶子格》、《小叶子例》等等，标示着宋代叶子戏的玩法已有多种。宋代女才子李清照对各种游戏都耽溺成癖，艺技臻精，她在《打马图序》中将长行、叶子、博塞、弹棋并称，可见宋代叶子戏影响之大。

叶子戏不仅在中原汉人地区流行，还流传到北方广大地区，辽代宫女们就极好叶子戏，《辽史》记载，辽穆宗好以叶子戏为乐，经常与嫔妃宫娥玩叶子戏，还与大臣一起玩。那些嫔妃宫娥一玩便上瘾，既闲来赌钱增加刺激，又以输赢竞争取乐，有首《宫词》对此作了极为生动的描述：

> 脱却鸾鞲换凤鞋，
>
> 深宫女伴笑相偕。
>
> 闲铺叶格花间戏，
>
> 输去同心七宝钗。

到了明代，叶子戏玩法已具角智争胜的性质，更加吸引人了，广泛盛行于社会各个阶层，钱希言《戏瑕》说："凡士人宴会，闺房杂聚，与夫歌台舞榭之间，酒坛博馆之下，盛行叶子，无以加于此矣。"人们称它"思深于围棋，旨幽于射覆，义取于藏钩，乐匹于斗草，致恬于枭卢抛掷。"明人叶子戏形制主要有两种，其一是将骨牌上的点数印到叶子上，中间印有一些元明戏曲或《水浒》人物的形象，人称骨牌叶子，成为当时广泛流行的一种牌戏活动。如《元明戏曲叶子》全套二十六张，上栏刻文字，下栏镌图画，为明万历末期作品。其二是马吊叶子，这是一种在中国游戏史上影响十分巨大的纸牌游戏方式。马吊叶子一般一寸阔，三寸长，用裱好的几层厚硬纸印成，其数量为四十张，花色共分十字、万字、索字、文钱四门，其中十字共十一张和万字共九张，每张上均画一水浒人物；索字共九张，上画的是串钱的钱索；文钱共十一张，上画各种象形之图。清人黎遂球《运掌经》认为马吊子之所以要画水浒人物，其意是"必勇敢忠义，然后可胜"。据明人潘之恒《叶子谱》载，游戏时由四人入局，每人分牌八张，其余八张置于中央，以骰定出庄家后，轮流出牌，以大击小，一圈称为一吊，得两吊者保本，三吊至五吊间为胜一桌，六吊起当胜二桌。前七吊赤手也不怕，最后第八吊得胜，收全功焉，叫做抢结。

《金瓶梅》第五十一回描写西门庆的女儿与陈经济斗叶子，就是玩马吊叶子。潘金莲道："你六娘替大姐买了汗巾儿，把那三钱银子拿出来，你两口儿斗叶子，赌了东道儿罢。少便叫你六娘贴些儿出来……"陈经济道："既是五娘说，拿出来。"大姐（西门庆之女）递与金莲，金莲交付与李瓶儿收着。拿出纸牌来，灯下大姐与经济斗。金莲又在傍替大姐指点，登时赢了经济三桌。马吊叶子三人游戏叫蟾吊，两人对垒叫梯品，大姐与经济斗叶儿，玩的是梯品。由于马吊叶子变化繁多，出奇制胜，深得当时人们的喜爱。据明人申涵光《荆园小语》称当时人们玩马吊叶子"穷日累夜，纷然若狂。问之，皆云极有趣。"是见当时玩马吊叶子已成一种社会风气，《金瓶梅》中的描写正是这种风气的反映。

明代的《水浒》叶子是大画家陈洪绶所画，据明人张岱《陶庵梦忆》记述其绘制缘起说，周孔嘉家里很穷，无力维持全家八口人的生活，其好友陈洪绶特地绘制画《水浒》四十人，以周济周孔嘉，周孔嘉遂将此叶子牌雕印出售以维持生计。这套《水浒》叶子，不仅成为珍贵的叶子戏实物资料，更是古代版画史中不可多得的精品。陈洪绶绘《水浒》叶子是救济他人，然而他绘《博古叶子》则是为了解决自家二十口人的生计，此牌的文字稿即汪道昆的《数钱叶谱》。这套纸牌共四十八张，上绘四十八位古代名人。

清代，叶子戏更为鼎盛，各种分支纷纷出现，如斗虎、扯张，都是马吊叶子的简化，统称混江，开了乾隆时纸牌中游湖的先河。但有清一代最为普遍的仍推马吊叶子。时人彭康《戏咏马吊》称"无人不好之"。有人还称弹琴是独乐乐，围棋是与人乐乐，而马吊叶子则是与众乐乐，是一种韵戏。清人酌元亭主人《照世杯》还记有设立于城乡间的专业化马吊馆，设有牌桌，还有专业老师讲解，大讲马吊之学问。当时上至公卿大夫，下至百姓徒隶，甚至绣房闺阁之人，莫不好玩。

《镜花缘》第七十三回"观马吊孟女讲牌经"，写师兰言、章兰英、蔡兰芳、枝兰音四人在文杏阁打马吊，宰玉蟾、钱玉英、孟玉芝在傍观局。

章兰英说："请教兰言姐

姐，我们还是打古谱、打时谱呢？还是三花落尽，十字变为熟门；还是百子上桌，十子就算热门呢？"师兰言道："要打，自然时谱简便。至于百子上桌，十子就算热门，未免过野，这是谱上未有的。若照这样打法，那'鲫鱼背'色样也可废了。"宰玉蟾道："正是，妹子闻得'鲫鱼背'有个谱儿，不知各家是怎样几张？"孟紫芝道："我记得桩家是红万、九十、六万、六索，余皆十子、饼子；四八之家，百子、九饼、一万、一索、三万、三索、七万、七索；么五之家，九万、九索、五万、五索，余皆十字；二六之家，一张空堂、四张饼子、三张十字、二索当面、四肩在底。二六之家，关赏斗十，桩家立红，九十加捉；四八之家，以百子打桩，或发三万、或发三索；大家照常斗去，那就上了。"

接下众美女唧唧咋咋大议牌经。这群女子无一不是马吊迷，无一不精于马吊。

《红楼梦》第四十七回有一段贾母与薛姨妈、王熙凤等人斗马吊的文字。

鸳鸯坐在贾母下首，鸳鸯之下，便是凤姐儿。铺下红毡，洗牌告么，五人起牌，斗了一回，鸳鸯见贾母的牌已十成，只等一张二饼，便递了暗号儿与凤姐儿。凤姐儿正该发牌，便故意踌蹰了半晌，笑道："我这一张牌定在姨妈手里扣着呢，我若不发这一张牌，再顶不下来的。"薛姨妈道："我手里并没有你的牌。"凤姐儿道："我回来是要查的。"薛姨妈道："你只管查，你且发下来，我瞧瞧是张什么。"凤姐儿便送在薛姨妈跟前，薛姨一看是个二饼，便笑道："我倒不稀罕它，只怕老太太满了。"凤姐听了，忙笑道："我发错了！"贾母笑的已掷下牌来，说："你敢拿回去！谁叫你错的不成？"

结果凤姐儿输牌，输给贾母一吊钱。众人陪贾母斗马吊，为了是哄老太太高兴。

马吊叶子结合默和牌和东南西北四风后就形成了麻将牌，大约诞生在清道光、咸丰之际，迅速普及到全国，由于麻将具有很强的娱乐性和制激性，既可用于玩乐又可进行赌博，所以很快成为我国最有影响的一种牌类游戏，迄至今日，处处皆闻麻将声，太太小姐，政府官员闲来无事都喜欢来几局，今日麻将的盛行，丝毫不输于明末的马吊叶子，称麻将为国戏，大概一点不过分。

蹴鞠当场二月天　香气吹下两婵娟

——柳腰纤柔踢足球

　　足球是今天风靡世界的竞技运动，令五大洲每个角落的人如痴如醉。世界公认足球为中国人发明。中国古人早在三千多年前的殷商时代就有玩足球游戏，殷商甲骨文中，已有踢球的记录，殷墟卜辞云："庚寅卜，贞，乎𦥑舞，从雨。"此辞中的"𦥑"字就是"鞠"字的初文，"○"代表球，"廿"代表足，整个字意就是表示用两只脚踢球的意思。古人称足球叫蹴鞠，或叫蹋鞠，蹴和蹋乃踢的意思，鞠乃皮毛纠结而成的球。

　　西汉刘向《别录》则说蹴鞠是上古时代的黄帝发明的，这恐怕是附会之辞。从殷商时期出现踢足球，到春秋战国时已经十分普及。战国时齐国大都市临淄百姓殷实，人们喜欢以吹竽、鼓瑟、击筑、弹琴和斗鸡、走狗、六博、蹴鞠为乐，蹴鞠在当时已成为风行一时的游戏活动。汉代开国皇帝刘邦的父亲刘季就是一个蹴鞠迷，被封太上皇住进深宫，由于没有蹴鞠玩耍，整天闷闷不乐。刘邦知道后，就命人在宫苑内仿照家乡丰邑建筑了新丰球场，又让一些会蹴鞠的人进宫，陪太上皇蹴鞠游戏。汉代李尤还作有《鞠城铭》，对球场、球具、比赛人数、裁判、规则等等，均一一加以阐述。从汉代画像石中，也可看到秦汉间蹴鞠十分盛行。

唐代是蹴鞠大发展时期，蹴鞠出现了一系列的改革，成为一项纯粹娱乐活动。唐代以前，球是外表用皮革里面充填发毛制成的，唐代则在球的制造上来了一次革命，出现了充气球，唐代归仁绍的儿子《嘲皮日休》诗云：

> 八片尖皮砌作球，
> 火中爆了水中揉。
> 一包闲气如常在，
> 惹踢招拳卒未休。

足见当时球是用八片皮革缝制成，经过加工抹缝，中间灌气。唐人徐坚《初学记》介绍当时充气球有球胆，用动物尿胞制成，吹气成球，故唐人仲无颜《气球赋》亦云："气之为球，合而成质。俾腾跃而攸利，在吹嘘而取实。"唐人又发明出一种小型鼓风箱来为球充气，叫作打揎法。足球的改革，促使了足球的普

女子游艺

及盛行，由于球体变轻，弹性极好，不用激烈奔跑，受到了女子的喜爱，女子加入足球行列的人愈来愈多，女子足球大为盛行。

唐人康骈《剧谈录》载，一群军中少年在踢球，路旁大槐树下站着一个十七八岁的少女，梳着三个环形发髻，而衣衫褴褛不堪，一只球正好冲着她飞来，只见她并不躲闪，抬起穿着木屐的纤纤玉足，一记劲踢，将球踢起数丈高，惊得军中少年目瞪口呆。这大概是世界上最早的关于女子踢球的记载。唐代女子蹴鞠，是以蹴高、蹴出花样为能事，尤其在寒食清明前后，女子蹴鞠更是活跃，形成风俗。

唐人诗中多有这种生动情景的描述。王维《寒食城东即事》云："蹴鞠屡过飞鸟上，秋千竞出垂杨里。"杜甫《清明》云："十年蹴鞠将雏远，万里秋千习俗同。"韦庄《丙辰年鄜州遇寒食城外醉吟五首》云："永日迢迢无一事，隔街闻筑气球声。"仲无颜《气球赋》亦云："广场春霁，寒食景妍，交争竞逐，驰突喧闹，或略地以丸走，乍凌空似月圆。"从这些诗文中可看出，蹴鞠已成为一种与寒食清明密切结合的节令性游戏活动，而女子蹴鞠和秋千最为盛行。

唐代宫女尤酷爱蹴鞠，以此嬉戏娱乐。宫中盛行蹴鞠有白打和官场两种，两人对踢称白打，三人角踢为官场。宫女们喜欢玩白打游戏，因为不需在球场上急速奔驰，竞相追逐，白打特别适合柳腰纤柔的弱女子玩耍。唐人王建《宫词》云：

> 宿妆残粉未明天，
> 总立朝阳花树边。
> 寒食内人长白打，
> 库中先散与金钱。

唐代宫女们每每进行白打比赛后，皇帝要向她们分发金钱财物以示奖赏。这首《宫词》便是描写寒食节时宫女们白打争胜，各领赏钱的情景。

自从唐代开创了女子蹴鞠的风气以来，宋元明清几代女子蹴鞠盛行不衰。宋代是中国古代足球的黄金时代。宋太祖嗜好足球，元人钱选《蹴鞠图》画的就是宋太祖和大臣们踢球的情景。宋徽宗更是足球迷，正因他有这么个爱好，结果使无名小卒高俅飞黄腾达，步步高升，竟官至相当于今日"国防部长"的高位，全凭他有一身足球功夫。上行下效，球风大盛，不仅一般市民卷入了足球活动，就连女子也纷纷展露球技。

现存的宋代浮雕蹴鞠纹铜镜，就铸的是女子蹴鞠：在一块草坪和一尊太湖花石的背景下，一位高髻笄发的少女，低头作踢球状，球则介于起落之间。少女对面，一官服幞头的青年男子，上身倾斜，两脚拉开距离，作防御姿态。青年男子一侧有一手持类似摇铃，又似筹码，大概是判断蹴鞠输赢的裁判，凝视着双方的对踢。踢球少女身后是一着长裙、起高髻的女郎，双手拢拱，全神贯注观看比赛。宋代陶枕上，也有栩栩如生地刻着民间女蹴鞠的画面：一普通衣着的女子，躬背背手，一脚立地，一脚踢球，十分投入，她的踢球姿势很像古代蹴鞠中控球的"金鸡独立"踢法。宋人徐梦莘《三朝北盟会编》卷三十中，还记载过南宋初年一个球技超人的"筑球郭老娘"，这是一个民间女子足球明星。宋人陈元靓《事林广记》中有一首曲子描绘宋代女子蹴鞠盛事云：

> 花前开月，全身绣带，偷侧双肩。更高而不远，一搭打

秋千。球落处，圆光欬，拐双
佩剑，侧蹑相连，高人处翻身
结伴，天下总呼圆。

自五代起，女子兴缠小脚，从一定
程度上限制了女子蹴鞠的发展，但柳腰
纤柔的女子用小脚来蹴鞠，更增添了女
子那种柔美娇纤的风韵，所以尤得那些
王孙公子、文人骚客的赏识。元曲大家
关汉卿等人在散曲中多有描绘女子蹴鞠
的情景。元代一些女子蹴鞠不是出于游
戏，而是为了谋生不可缺少的一门技艺，
女子蹴鞠是作为一种技艺供男人欣赏的。
自称"半生来折柳攀花，一世里眠花卧
柳"的关汉卿就擅长蹴鞠，他身边的妓
女们则也是蹴鞠高手，关汉卿的散曲
《女校尉》、《蹴鞠》就是写妓女蹴鞠的。
元代妓女蹴鞠表演多是在酒宴上进行，
以增酒兴。萨都剌《妓女蹴鞠》散曲就
有描写：

毕罢了歌舞花前宴，习学
成齐云天下圆。占场儿陪伴了
英豪的美女，都是秦楼巷里的
绝色婵娟。若道是成就了洞房
惜玉怜香愿，六片儿香皮做姻
眷。

很显然，妓女陪客人蹴鞠是一种娱客助兴的手段。客人们则从与妓女对踢中获得刺激和快乐。

明代女子蹴鞠也十分风行，蹴鞠在各个阶层女子中广泛开展，也得到了她们的喜爱。明代宫中嫔妃宫女蹴鞠不疲，《崇祯宫词》中描绘崇祯皇帝的宠妃田贵妃和宫女蹴鞠情景云：

> 锦屬平铺界紫庭，
> 裙衫风度压婷婷。
> 天边自结齐云社，
> 一簇彩云飞便停。

看来田贵妃球技高出宫女一筹，技压群芳，球踢得很高很有水平。

民间还有专业蹴鞠女艺人，据明人詹文同《滚弄行》云，明初有一个著名的女艺人彭秀云十分擅长蹴鞠，她挟技云游江湖，表演起蹴鞠来，只见球在身上左右滚动，上下颠簸，一身是球，旋转纵横，无施不可，但球就是不落地。有人问她有多少踢球花样，她回答有解数凡十六套，能用脚面、脚尖、脚侧、头顶、额头、鬓角、项下、肩背、胸腹、腰肚、大腿、膝盖等等各个部位踢拐、环绕、承击、滚弄。可谓极尽奇巧灵活之能事。当时男子踢球高手尚且只会解数凡十一套，可见彭秀云球技之精湛，许多人为她的技艺所倾倒，詹同文惊叹之余，还写《滚弄行》诗称赞她是女流清芬，"一身俱是蹴鞠"。明代女子蹴鞠成风，文人们又极爱观赏女子蹴鞠，并在诗文歌赋中赞咏。文士袁华《蹴鞠篇》这样描绘：

> 冶家女儿髻偏梳，教坊出
> 入不受呼，蹙金小袜飞双凫；
> 飞双凫，拽双袂，玉围腰，珠
> 络臂。

美女踢球自当风韵别致。明代妓女擅长蹴鞠的大有人在，金陵名妓蓝七娘、王看山等人就是女子中蹴鞠高手。王看山曾乘油壁车经过球场，球师久闻其大名，率弟子半路拦车，邀请她登场献艺。王看山下车，风度潇洒，举止蹁跹，众人望之纷纷惊退，叹赏以为天仙。一见王看山施展球技，众人更是啧啧赞叹。《金瓶梅》第十五回有一段生动地描述丽春院妓女李桂姐踢球的情景：西门庆在丽春院与李桂姐喝酒正欢，来了三个专业踢球的圆社，一个唤白秃子，一个唤小张闲，一个是罗回子。西门庆让他们

女子游艺

在外等候，待他吃完酒，踢三跑。西门庆吃完酒来到院子里，先踢了一跑，次叫李桂姐上场和两个圆社踢，一个楂头，一个对障，勾踢拐打之间，众人无不喝彩奉承。两个圆社对西门庆讨赏钱说："桂姐姐的行头（指球技），就数一数二的，教小人凑手不迭。"李桂姐又独自踢了两跑下来，使得尘生眉畔，汗湿腮边，气喘吁吁，腰肢困乏，袖中取出春扇儿摇凉。这李桂姐的技艺比社会上专门靠踢球为生的职业球员还厉害几分。

当时的《蹴鞠谱·坐蹬十三解》中记载一些如表（妇人）、脬儿（女儿）、用表（使女）、苍老（老妇）、水表（妓女）、嗟表（少女）、五角表（村妇）之类的圆社行话，从这记载中看出当时的女子蹴鞠游戏已经广泛普及各个层次的妇女之中，在明代不仅妓女擅踢，使女亦擅踢；老妇能踢，少女亦爱踢；就连村妇也喜欢上踢球游戏，这种现象在足球史上十分罕见。

清代女子蹴鞠也比较活跃，大才子李渔《美人踢球》诗有生动描绘：

> 蹴鞠当场二月天，
> 香气吹下两婵娟。

汗沾粉面花含露，
尘拂蛾眉柳带烟。
翠袖低垂笼玉笋，
红裙曳起露金莲。
几回踢罢娇无力，
恨杀长安美少年。

二月春光里，两个活泼可爱的少女蹴鞠时灵敏、娇柔的形象栩栩如生，真是一幅绝妙至美的《美人踢球图》。

按马攀鞍事打球　花袍束带竞风流

——香溢绣襟赛马球

　　马球是古代风行一时的竞技游戏，又称击鞠、击球、打球等，有人说它起源于波斯（今伊朗），有人认为是由吐蕃（今西藏）传入中原的。其实马球在中国历史颇为悠久，魏晋时期就已兴起，曹植讽刺曹丕纵情作乐的《名都赋》中就有"连翩击鞠壤，巧捷唯万端"的诗句，但当时马球游戏尚未定型化，直到唐朝才迎来马球的黄金时代。

　　马球与古代马术有直接关系，从战国时期赵国的赵武灵王"胡服骑射"，学习北方民族组建骑兵开始，马上骑术逐渐发展提高，汉墓画像石中就有许多马术图像。到了唐代，马术非常发达，当时西域大宛岁献好马，更加激发了朝野上下对养马和骑术的兴趣，于是马球也就在唐代广泛开展起来了。唐太宗曾派人到西蕃学习马球技术，学成归来后，便轰轰烈烈地大玩马球，当作一种娱情乐志的游戏，大唐从唐太宗到末帝唐昭宗十八位皇帝，个个都是马球迷，上行

女子游艺

下效，玩乐无度。

唐玄宗更是一个马球好手。据唐人封演《封氏闻见录》载，唐中宗景龙中，吐蕃遣使来迎金城公主，中宗在梨园亭御赐观打球，吐蕃使者赞咄提出让部下善球者和大唐供奉比赛，几局下来，吐蕃皆胜。中宗又命临淄王（即后为唐玄宗的李隆基）率领王邕、杨慎交、武秀四人和吐蕃四人入场比赛。唐玄宗纵马东西驰突，风回电激，所向无前，大败吐蕃马球队。学士沈佺期、崔湜等人均为此作《幸梨园亭观打球应制》诗称贺，沈佺期诗中咏唐玄宗打马球云："宛转萦香骑，飘飘拂画球；俯身迎未落，回辔逐傍流。"而唐敬宗嗜好成癖，日夜迷恋打球，荒废国事，他到三殿让神策军将士、教坊球供奉、内宫侍从分朋打球，玩得过头，甚至弄到有人头破血流，断肢折腿，而唐敬宗玩得乐而忘倦，深夜不止。后来被击球军将苏佐明杀死在更衣室。唐代的王公贵族、藩镇守将无不酷爱马球游戏，甚至辟有自己专用的马球场，为了使之平滑如镜，不惜洒油筑球场。史称上好马球，由是风俗相尚。

从唐章怀太子李贤墓中壁画《马球

图》看到，二十位骑手有的在场上击球，有的在一旁观战助兴，击球的人都是左手执缰，右手持偃月形球杖，最前一人作回身反击球状，这是唐代著名的背身球击法，一人回首看球，两人正驱马向前抢球，形态逼真，姿态矫健，向人展现了当时马球比赛的惊险场面，这是目前发现的有关唐代马球的最早形象资料。

唐代马球所用的球状小如拳，用质轻坚韧的木材制成，中间掏空，外涂红漆，有的还加彩绘雕饰，唐诗中美称为"珠球"、"画球"、"彩球"、"七宝球"。球杖长约数尺，杖头如偃月，精绘彩色花纹，十分考究，唐诗中常用"宝杖"、"月杖"、"画杖"等词来形容。球场则如唐人阎宽《温汤御球赋》所形容："广场惟新，扫除克净，平望若砥，下看犹镜。"唐人蔡孚《打球篇》中"金锤玉錾千金地，宝杖琱文七宝球"，"奔星乱下花场里，初月飞来画杖头"，描绘了马球、球杖、球场的形状外观的美丽豪华。马球活动激起了当时倾国士女如潮如狂般的热情，女子喜爱马球不亚于男士，她们像男士一样笃好马球，今故宫博物院收藏的唐代女子马球铜镜上，我们可以看到当年马球高手们正在驱马疾驰，挥杖击球，她们是四个英气勃勃、姿态矫健的女马球手，在唐墓中也出土过具有各种击球姿势的打马球女俑，均显示了盛唐时期巾帼不让须眉的英豪气概。但与男子相比，女子马球风格多显得较为柔弱纤美，尤其是那些宫女们的马球比赛，大都是为了迎合皇帝的兴趣爱好而表演给皇帝看的，因此竞技性并不强，而是具有十分浓厚的表演性和观赏性成分。在唐代宫中，宫女们无不以打马球为乐。

在打马球风气的影响下，一种名为"驴鞠"的骑驴打球游戏也应运而生。由于驴体型较小，动作缓慢，不易磕碰致伤，所以驴鞠深受女子的喜爱。唐剑南节度使郭英乂专门设置了女子驴球队，亲自教女妓乘驴击球，不惜每天花钱数万，驴鞍装饰侈靡，女骑手个个花枝招展。这种驴上击球动作激烈程度比骑马击球要弱，然而女子游戏时那纤柔婀娜的身姿、轻盈灵活的举止却比马上击球更能充分展现出来，因此深得王公贵族的赏识和喜爱。驴鞠在宋代都市中有长足发展，女伎们还特制一种开裆夹裤便于乘驴。宋代宫中也经常举行女伎驴鞠表演，正如李攸《宋朝事实》所云：跨驴击球，供奉分朋戏，在御前以为乐。宋人还称驴鞠为小打，以区别马球的大打。这种驴鞠，无论在中国还是世界上，都是空前绝后的，宋以后则无从找见女子打驴球的踪影。

五代后蜀宫中亦盛行马球游戏，后蜀主孟昶的贵妃花蕊夫人《宫词》中多有记述，词写的均是亲身所为，她常陪君王打球，还亲自教宫女打马球，亦见她是个马球好手，词云：

自教宫娥学打球，

玉鞍初跨柳腰柔。

上棚知是官家认，

遍遍长赢第一筹。

把宫娥初学骑马击球纤弱娇态和聪明狡黠刻画得活灵活现。宋代宫中依旧常常举行马球游戏。宋代皇帝大多喜好马球，并制定详细的礼仪规则，从宋太宗起，马球就成为宫中传统的娱乐节目。宋白《宫词》写道：

昨日传宣唤打球，

星九月杖奉宸游。

上阳宫女偏骄捷，

争得楼前第一筹。

这些宫女们马球技艺非常高，经常奉诏陪侍皇帝打马球，或者为皇帝表演打马球，其矫捷身手常常争得第一筹。

宋徽宗最爱以马球娱乐，常驾临宝津楼观看禁军打马球。据宋人周辉《清波杂志》载，政和五年四月，宋徽宗率辅臣在崇政殿，观看五百禁军卫士打马球，毕事赐坐，召宫女们出来跃马击球，但见驰逐追赶，球飞杖闪，宫女们个个身手不凡，球技妙绝无比，禁军卫士看得皆有愧色，正所谓：跃马据鞍夸击鞠，羽林扭头愧红装。宋徽宗还作《宫词》云：

> 按马攀鞍事打球，
> 花袍束带竞风流。
> 盈盈巧学男儿拜，
> 惟喜先赢第一筹。

宫女们身着花袍锦带，骑在马上击球，盈盈柔美之态，确实让人赏心悦目。女子马球在宋宫中十分流行，宋人王珪《宫词》亦生动形象地描绘了北宋宫女打马球的情景：

> 内苑宫人学打球，
> 青丝飞控紫花骝。

> 朝朝结束防宣唤，
>
> 一样真珠络辔头。

这些宫女既有娴熟的马上功夫，又有高超的击球技术，马球打得极为精彩，时时都得准备着，听从皇帝宣召作马球表演。

辽、金、元是崇尚骑射的北方少数民族，对马球尤为喜爱，大致沿袭宋俗，宫中盛行马球游戏，并制定规则形制，每年重五、中元、重九举行拜天仪式后，都要进行马球和射柳游戏，这已成为定制，玩罢游戏，然后开始盛大宴会，众人尽欢而散。明代马球虽不及前代盛行，但明成祖却酷爱马球，把前代马球、射柳的制度保留下来，每当举行大典时，便开展这两项游戏。永乐十一年五月五日，明成祖来到东苑观看马球游戏，特召文武重臣、四夷朝使和京城耆老一起陪观。中书舍人王绂陪观马球，即兴作《端午观骑射击球侍宴》诗，其中描写分朋对抗驰逐争抢的马球比赛云：

> 忽闻有诏命分朋，
>
> 球先到手人夸能。
>
> 马蹄四合云雾聚，
>
> 骊球落地蛟龙争。

彩色球门不盈尺，
巧中由来如破的。
砉然一击电光飞，
平地风云轰霹雳。
自矜得隽意气粗，
万夫夸美声喧呼。
拟金伐鼓助喜色，
共言此乐人间无。

明代民间马球也颇为流行，明人吴宽《匏翁家藏集》中描写庙会时京师庶民玩乐马球云：

京师胜日称燕九，
少年尽向城西走。
白云观前作大会，
射箭击球人马蹂。

清代诗人的诗作中虽亦有马球游戏的描绘，但马球在有清一代渐渐绝迹，马球从此盛况难再。

坚圆净滑一星流　月杖争敲未拟休

——红拨一声步打球

　　步打是唐代开始盛行起来的游戏，与马球相近又有不同，步打不是骑在马上打球，而是在地面上徒步持杖打球，最初是一项女子竞技游戏活动，球和杖形制基本上同于马球。据《新唐书·百官志三》载，按唐代习俗，每年寒食节，由少府临在宫中组织献球的娱乐活动，包括各种球戏，有蹴鞠、击鞠、步鞠、步打等。唐太宗贞观年间，大臣魏徵奉命制《打球乐》，云：

　　　　舞衣四色，窄罗绣襦，银带簇花，折上巾，顺风脚，执球杖。

宫女们打球时，有仙管画鼓伴奏，还有专门的《打球乐》舞蹈伴演。这种名为"打球乐"的步打球舞蹈，后来由精通音律的唐玄宗将打球乐的伴舞音乐改为羯鼓曲。

　　步打球主要在后宫佳人中进行，这是因为它的对抗性不如马球激烈，比较适合女子玩耍，那些在深宫中虚度自己青春年华的宫女们不仅喜欢玩"白打"，即两人对踢的花样足球，诚如王建《宫词》所说"寒食内人长白打"。而且更喜欢步打，手持月杖，分为两队，徒步上场进行步打比赛，以击球入门多少分胜负。宫女们对步打十分入迷，经常在殿前宫中进行比赛，获胜的一方向皇帝磕头领赏，然后欢喜而去。王建《宫词》对宫女们步打玩耍的情景也有描述：

> 殿前铺设两边楼，
>
> 寒食宫人步打球。
>
> 一半走来争跪上，
>
> 上棚先谢得头筹。

写的是寒食节那天，皇帝后妃驾临殿前，观看宫女们表演步打。宫女们在殿前设置步打球场，分为两队竞赛，首开纪录进球的那一队宫女争先恐后地来到皇帝面前跪拜谢恩，然后再继续比赛。宫女们步打游戏别有一番风韵，皇帝正是冲着这点来观看的，若论步打竞争的激烈程度，女子步打球当然不如男子马球，不过，皇帝醉翁之意不在酒，在乎打球的窈窕宫女，看着这些穿红戴绿、柳腰柔软的巾帼脂粉们在场上往来奔逐，香汗滴滴，娇喘吁吁，很是令人心醉。

　　民间女子也像宫女一样迷恋步打，王建《送裴相公上太原》诗云："十对红妆伎打球"，说的就是女伎步打，十人一队进行竞赛。唐代风流女才子鱼玄机美颜如玉，纵怀倜傥，很是喜欢步打，其《打球作》云：

> 坚圆净滑一星流，
> 月杖争敲未拟休。
> 无滞碍时从拨弄，
> 有遮栏处争钩留。
> 不辞宛转长随手，
> 却恐相将不到头。
> 毕竟入门应始了，
> 愿君争取最前筹。

诗中描绘了步打球时精彩画面，月杖争敲圆球，球在空中划过似流星，那拨球一击入门，使女诗人联想翩翩，希望意中人要不失时机，像打球入门一样争取最前筹，不要失去求爱的好机会。这首《打球作》写得极有意趣，是唐代女诗人中罕见的咏打球之作。

　　唐代女子着迷球戏，还发明了一种踏球之戏，球是木制的，高约一二尺，上绘彩画，女子站在球上，宛转而行，萦回来去，无不如意。《新唐书》称为

"胡旋舞,舞者立球上,旋转如风。"《乐府杂录》亦说:"舞有骨度舞、胡旋舞,俱于一小圆球上舞,纵横腾踏,两足终不离球子上,其妙如此。"这种被称为胡旋舞的蹴球,不是白居易《胡旋女》诗中所描绘的那种胡旋舞,而是王邕《内人蹋球赋》所描写的那种胡旋舞,它是来自西域的胡旋舞和宫中蹴球技艺相结合的独特的球戏,王邕对宫女们蹴球的描写绘声绘色:

> 球上有嫔,球以行于道,
> 出红楼而色妙,对白日而颜新,
> 于是扬袂送足,徘徊踯躅,虽
> 进退而有据,常兢兢而自勖,
> 球体兮似珠,人颜兮似玉,下
> 则风雷之宛转,上则神仙之结
> 束;无习斜流,恒为正游,球
> 不离足,足不离球。

这种蹴球后来演化为杂技。

唐代女子还喜欢抛球游戏,此戏在隋代就已盛行。唐人李谨言《水殿抛球曲二首》描写宫女抛球:

> 侍宴黄昏晓未休,
> 玉阶夜色月如流。
> 朝来自觉承恩最,

女子游艺

笑倩房人认绣球。

堪恨隋家几帝王，
舞裀揉尽绣鸳鸯。
如今重到抛球处，
不是金炉旧日香。

诗仙李白在《宫中行乐词八首》诗中也咏到过宫女们玩抛球时来回奔跑，身上的珠珮碰撞有声的情景："素女鸣珠珮，天人弄彩球。"抛球时采用的是绣球、彩球，参加者多是素女、婵娟，即青春少女，或内廷宫娥，或北里女伎，方法是以将球抛入风流眼中多者为胜，颇似今日篮球的投篮。因为抛球由年轻貌美的女子参加，色艺俱佳，颇能引起帝王将相、文人逸士的雅兴，遂渐渐衍出一种《抛球乐》的曲调来，为宴会中抛球，为侑酒时所唱。唐人刘禹锡、皇甫松等诗人均有《抛球乐》词，刘禹锡词云：

五彩绣团圆，登君瑇瑁筵。
最宜红烛下，偏称落花前。
上客如先起，应须赠一船。

春早见花枝，朝朝恨发迟。
及看花落后，却忆未开时。

幸有抛球乐，一杯君莫辞。

这种抛球在宋代仍很流行，宋代有由年轻女子组成的抛球乐队，身着四色彩衣，绣罗宽衫，腰系银带，手捧绣球，专门为皇帝表演。南宋孝宗的皇后最爱看抛球表演，常临球场看女子抛球。抛球流行极广，五代时的安南，男女结五彩球，互相唱着歌对抛，名曰"飞驼"。元明清戏曲小说中，常有千金小姐登绣楼，抛彩球定亲的描写，就是由唐代抛球演化而来。

抛球在宋代还衍变出掷水球游戏，女子们站在岸边，用手轮流向水中抛掷气球，看谁将球抛得最远。宋徽宗有一首《宫词》就对宫女们抛水球的情景作有生动形象的描述：

> 苑西廊畔碧沟长，
> 修竹森森绿影凉。
> 戏掷水球争远近，
> 流星一点耀波光。

宫女们在后苑长廊附近一泓清流旁，向水中掷球竞赛，游戏取乐，引起了皇帝的极大兴趣。

唐代的步打，到了宋代进一步发展就出现了捶丸的击球游戏，丸是一种小球，捶丸就是用棍击球，逐渐成为一种非常成熟的竞技项目，元初宁志老人专门写了一部论述捶丸的著作《丸经》，追述了捶丸的发展历史，讲解了进行捶丸的场地、器具、竞赛规则，以及各种不同的击法和战术等。捶丸用杖击球，方法是在旷地上画一球基，离球基数十步至百步，作一定数目的球窝，旁树彩旗，游戏者用木棒从球基将球击入球窝，很像今日流行的高尔夫球。击球的木棒有不同类型，有扇形棒，如宋代佚名《蕉阴击球图》和《小庭婴戏图》中儿童所用的球棒；亦有下端如弯月的棒，如《金史》卷三十五所载："鞠杖，杖长数尺，其端如偃月。"宋代女子非常喜爱这一游戏。宋人魏泰《东轩笔录》载，有一个名叫钟离君的县令，女儿将要出嫁，买了一个婢女陪嫁。一天，婢女手执箕帚来到堂前，久久注视着地下凹陷处，恻然泣下，说："我小时候，父亲挖此地穴为球窝，教我击球游戏。"钟离君听罢，仔细询问，方知此婢女乃前任县令的女儿。从这记载看出宋代女子平日玩击球游戏颇为流行。

明代仕女也喜欢这项游戏，最为生

动形象再现明代女子玩捶丸的当数明人
杜堇的《仕女击球图》，图中三个仕女各
持球杖全神贯注地驱击一球，旁边还有
两个仕女各执球杖在急切地等待上场。
这幅画不仅表明了明代女子经常跻身于
捶丸游戏行列，而且表明明代女子玩捶
丸游戏之风仍然盛行不衰。清代满族贵
族不喜欢这项非对抗性游戏，捶丸从此
衰落。

身法疾速姿态美 招数变幻难测奇

——巾帼高手竞相扑

相扑是我国传统竞技性运动项目之一，古称角抵、角力，又称手搏、摔胡、拍张等等，犹今之摔跤。它的起源可以追溯到远古时代，当时东夷部落首领蚩尤，南朝梁人任昉《述异记》称其"耳鬓如剑戟，头有角，与轩辕斗，以角觚人，人不能向"。由此产生了模仿其动作的"蚩尤戏"，秦汉时民间非常盛行，尤其在冀州一带，人们经常开展这种游戏活动："其民两两三三，头戴牛角而相觚"，任昉还说："汉造角抵戏，盖其遗制也。"不言而喻，蚩尤戏充满角力竞技的戏乐色彩，在秦汉时已经成为一种富有娱乐性的游戏活动。

任昉说的是秦汉之际的事，实际上春秋战国时角抵戏就已大为流行。陕西长安沣西周墓葬出土的透雕铜牌角抵图像，让人们看到当时民间角抵戏的生动情景，只见两个大汉只穿着长裤，上身赤裸，各自一手勾住对方的腰，一手扳着对方的腿，搂抱在一起，相持不下，难解难分，大汉身后各有一匹健马，似乎在静候这场比赛的结果。这是迄今人们看到的中国古代最早的角抵形象。

汉代画像石中屡有角抵戏图像，出现了不同类型，角抵者都是上身裸露，只穿长裤或短裤，孔武有力的壮汉，如湖北江密县打虎亭东汉墓壁画角抵图，两个壮汉赤膊光腿，头束朝天发辫，十分武勇。而山东临沂金雀山汉墓出土的彩绘帛画，画有三人，两人均着宽袍，下颌高扬，怒目逼视，跃跃欲扑。左侧还有一人小帽宽衣，拱袖肃立，看样子像是裁判。三国时出现了女子相扑，吴国末代君王孙皓喜好倡伎，尤喜欢观看相扑。他置父丧于不顾，观看倡伎表演昼夜不息，他有着病态的观赏心理，别出心裁地命令宫女们头戴饰有垂珠的金首饰步摇，进行相扑比赛。据《古今图书集成》引《江表传》说，一场相扑下来，要打坏数千副步摇，就让工匠们不断制作新的更换，常常是"朝成夕败，辄命更作"。这是历史上首次女子相扑的记载。

唐代相扑也非常流行，成为宫廷观赏和娱乐项目，几乎是每宴必有相扑，并成立正规的组织叫"相扑棚"，这种专门为宫廷进行表演的职业相扑队中集中了相扑高手。据宋初调露子《角力记》载，有个名叫蒙万赢的相扑手，反应灵敏，动作迅捷，十四岁就被选进相扑棚，与人相扑，所向无敌，不知赢了多少场比赛，由此不仅得到丰厚的赏赐，还得到"万赢"的美称，他历经唐懿宗、僖宗、昭宗三朝，后又入两浙，供奉吴越武肃王，专事相扑达数十年之久，还在民间传授技艺，从其学艺的青年人达数百之众。唐代皇帝如穆宗、敬宗、文宗、僖宗都是相扑迷，观看相扑不知疲倦，唐末代皇帝昭宗辗转逃命，临死身边尚有二百多名相扑手相随。五代后唐庄宗非常喜欢相扑，与人比赛经常获胜，曾对善于相扑的李存贤说："与你相扑，如果你赢了，我赏你一个郡。"当下君臣两个交起手来，结果李存贤获胜，庄宗就封他为蔚州刺史。

进入宋代，相扑更加普及盛行。在宫廷中备受欢迎，成为宫廷酒宴庆典的压轴好戏，专门为宫廷进行表演的职业相扑手称内等子，都是从军队中精选出的高手，由御前忠佐军头引见司所管，并有固定的选拔比赛制度，按照各人技艺水平的高低，领取不同的薪饷，不仅在宫内为皇帝相扑，博其一笑；还在皇帝出行时，护卫在御驾左右，充当保镖。

随着城市的发展和市民文化娱乐的需要，在民间也出现了大量的艺人，表演种种娱乐项目，其中相扑表演最具魅力，最为精彩，深受市民的喜爱，市民对相扑的偏爱，导致了相扑空前繁荣。《东京梦华录》、《梦粱录》、《武林旧事》无不生动地描述了当时相扑盛况。在北宋东京汴梁和其他大都市的瓦子里，都有艺人作相扑表演，从早到晚，观者如堵。南宋京城临安还沿用古称成立了"角抵社"，其中著名的职业相扑手竟有五十多名。他们有的还在护国寺南高峰露台摆擂台较技，设有大宗奖品有诱饵，广招天下高手相扑，优胜者可获丰厚的奖赏。《水浒传》第七十四回"燕青智扑擎天柱"的生动描写，大致形象再现了这类露台相扑的情景，亦可以窥见宋代相扑的全貌。山西晋城宋墓墓顶壁画《相扑图》，画面中有四个相扑手，都是赤膊光腿，仅穿短裤，头戴黑巾，脚穿皮靴，中间两人全力拼搏，一个头被对方夹在臂下，一个左腿被对方抱住，正僵持不下。两侧的两个人则正在观看。这是宋代相扑的形象描绘。

在宋代宫廷和民间瓦市中，都有女子相扑表演，这是宋代独兴的娱乐项目。在民间相扑比赛中，当时出现一批女相扑手，如赛关索、嚣三娘、黑四姐等人，都是著名的相扑竞技高手，《武林旧事》称她们为"女飐"，是指其招数变幻难测，身法疾速如风之意。书中著录在杭州的著名相扑艺人有韩春春、绣勒帛、锦勒帛、赛貌多、侥六娘、后辈侥、女急快等，从她们的艺名上也可以看出，要求身法急快，姿态优美，形体动人，她们往往排在男子相扑的前面，先打开场子，招呼观众，制造气氛，待市民围拢过来时，她们退下，正式相扑开始，所谓"先以女飐数对打套子，令人观睹然后以膂力者争交"。这种现象在宋代城市十分普遍，足见女子相扑的戏乐色彩，搞笑逗乐、极力迎合市民欣赏需要的成分在相扑运动中增强，主要是表演而带有娱乐市民的性质。

当时女子相扑大概与男子相扑形式差不多，裸露颈项臂膀，乃至腰肚，因此有人很是看不惯，斥之为"妇人裸戏"。宋仁宗嘉祐十年正月二十八日，在东京最大的宣德门广场上，举行百戏表演，宋仁宗在宣德门上，堂而皇之地观看女子相扑，并赏赐女相扑手。当时万头攒动，热闹非凡的场面使大臣司马光犯颜直书《论上元令妇人相扑状》，状云：

> 臣愚窃以宣德门者，国家之象魏，所以垂宪度，布号令也。今上有天子之尊，下有万民之众，后妃侍旁，命妇纵观，而使妇人裸戏于前，殆非所以隆礼法，示四方也。

司马光激愤之情溢于字里行间，他认为宣德门是皇帝发号施令圣地，而皇上携后妃在此观看女子相扑，有悖常道，成何体统。所以他要求加以取缔，提出"今后妇人不得于街市以此聚众为戏"。但提归提，并不妨碍女子相扑在城市娱乐活动中占有一席之地，因为女子相扑表演符合一般市民的兴趣，因此到了南宋，在京城临安不仅流行而且更加盛大。宋代理学兴起，强调封建迂腐的观念，当时女相扑艺人决不会裸体或半裸上体

女子游艺

表演，至少也穿有抹胸，就这样，司马光大人还是看不过目，大为愤怒。

元代王室起自北方草原游牧蒙古民族，习俗上注重骑马、射箭、摔跤，是每个男子所必不可少的技艺，一些蒙族女子也掌握了令人惊奇的摔跤技艺，竟有技艺超人的女子胜过不可一世的壮汉。元朝时曾到过中国的意大利旅行家马可·波罗在《马可·波罗游记》记载了女子用相扑方式来选择夫婿的故事。

蒙古可汗海都王有个女儿叫艾吉阿姆，蒙语意思是明月。明月公主长相美丽，又身手矫健，强勇过人，其相扑之术，国中竟无人能敌。海都王几次想为她择夫婿，但她不同意，说："如果有人能在相扑中胜过我，我就嫁给他，否则永不嫁人。"海都王只得答应，听其选择所爱的勇士。消息传开，国中许多小伙子纷纷前来比试，却没有一人能战胜明月公主。到了公元 1290 年，帕马尔王的儿子带着千匹骏马来求婚。海都王和众大臣都看中了王子，就劝明月公主千万别错过这天赐良机，能让王子获胜，以便成全这婚姻。但明月公主十分执著，绝不肯手下留情，让这位远方来的求婚者蒙混过关。两人登上赛台，相扑开始，双方都使出了自己的看家本事，久持不下，难分胜负。最后，王子虽然竭尽全力，但还是被明月公主扑倒在地。至于明月公主是否择到如意郎君，也就不必深究了。这个相扑择婚的故事反映出蒙古女子在婚姻上表现出来的价值观。

明代相扑依旧广泛开展，到了清代达到极盛。清朝统治者把南方称为相扑、北方称为角抵的说法统称为摔跤，满语叫"布库"，并大力提倡，一用来练兵，二用来娱乐，宴会上以布库为戏。朝廷又从八旗子弟中挑选出好手成立善扑营，集中了天下的摔跤高手，这些人既作为皇帝的侍从，保卫皇帝的安全；又以精湛的技艺为皇帝表演，娱乐皇帝，所以深得皇帝的喜爱和信赖。《北京竹枝词》中有一首描述了善扑营武士的威仪：

> 布靴宽袖夜方归，
> 善扑营中个个肥。
> 燕颔虎头当自笑，
> 但能相搏不能飞。

封面设计：张希广

责任编辑：崔　陟

责任印制：王少华

图书在版编目（CIP）数据

女子游艺／殷伟著．－北京：文物出版社，2003.6
（文化百科丛书）
ISBN 7-5010-1450-7

Ⅰ.女 … Ⅱ.殷 … Ⅲ.女性－游戏－中国－古代
Ⅳ.G898.092

中国版本图书馆 CIP 数据核字（2003）第 008069 号

女　子　游　艺

殷　伟

＊

文 物 出 版 社 出 版 发 行

北京五四大街 29 号

http://www.wenwu.com

E-mail：web@wenwu.com

北京安泰印刷厂印刷

新 华 书 店 经 销

850×1168　1／36　印张：8

2003 年 6 月第一版　2003 年 6 月第一次印刷

ISBN 7-5010-1450-7／G·102　定价：15.00 元